10년 후 대한민국

미래전략 보고서

대한민국

4차 산업혁명 시대의 생산과 소비

10년 후

년 후

대한민국

미래전략 보고서

4차 산업혁명 시대의 생산과 소비

미래창조과학부 미래준비위원회, KISTEP, KAIST

대한민국 미래 경쟁력, 생산과 소비의 혁신에서 찾다

인류사적 4차 산업혁명, 생산과 소비의 키워드로
기업, 정부, 사회 각각의 관점에서 혁신의 방향성을 제시한다.

지식공감

우리가 생산하고 소비하는 생활에서 그동안 믿어 오던 것들이 달라지고 있습니다. 변화의 속도는 실로 놀라울 정도입니다. 인터브랜드(Interbrand)가 발표하는 글로벌 브랜드 순위에서 불과 10여 년 전에는 30~40위권이던 애플(Apple)과 구글(Google)이 현재는 1~2위에 올라 있습니다. 제너럴 일렉트릭(GE), 미쉐린(Michelin) 등은 디지털 기업으로 변모해 있으며, 우버(Uber)나 에어비앤비(Airbnb)는 차 한 대, 방 한 칸 없이 각각 운송업, 숙박업의 판도를 뒤흔들고 있습니다. 그리고 소비자는 시장에 나와 있는 제품을 단순히 선택하는 것에서 벗어나, 원하는 제품과 서비스를 만드는 데 적극 참여하고 있습니다.

이렇듯 생산과 소비는 4차 산업혁명이라고 불리는 혁명적 변화를 겪고 있습니다. 지능을 대표하는 인공지능 기술에 정보통신 네트워크를 통해 수집된 빅데이터가 합쳐진 지능정보기술로 인해 데이터와 지식이 기존 생산요소(노동, 자본)보다 중요해지고 있습니다. 그리고 다양한 제품·서비스의 융합으로 산업 간 경계가 붕괴되고, 지능화된 기계로 지적 노동까지 자동화되며 경제·사회 전반이 뒤바뀔 것으로 예측되고 있습니다. 이러한 변화는 적응하지 못하면 위기가 되지만, 체계적으로 준비하면 도약의 기회가 될 수 있습니다.

이런 의미에서 미래창조과학부 미래준비위원회는 우리나라가 생산과 소비의 혁명적 변화에 선도적으로 대응할 수 있도록 미래전략을 마련하였습니다. 우리 삶의 대부분은 생산에 참여하고 필요한 상품을 소비하는 것으로 이루어집니다. 그러므로 생산과 소비의 변화는 곧 사회 전반의 변화라고 할 수 있습니다. 4차 산업혁명의 격변기를 헤쳐가기 위해서는 미래 전망에 기초하여 우리의 위치를 전반적으로 되돌아보고 대응 방안을 모색하는 것이 필요합니다.

우리나라는 미래의 생산과 소비를 준비함에 있어 아직은 부족한 점이 많습니다. 세계적 변화의 와중에도 기존의 주력 산업에 의존한 채 새로운 산업구조로의 전환은 미미한 상황입니다. 그리고 미래의 변화에 대비한 선제적 제도 정비가 강하게 요구되고 있습니다. 그러나 우리나라가 미래의 생산과 소비를 선도할 수 있다는 희망 또한 충분합니다. 우리에게는 세계가 부러워하는 우수한 디지털 인프라가 있고, 세계 최빈국에서 모두가 놀랄 정도로 빠른 시간에 경제 성장을 이루어낸 경험이 있습니다. 이는 부족한 자원이 오히려 혁신을 추구하는 문화를 자연스럽게 형성하여 이룩한 성과입니다.

향후에도 우리의 바람직한 미래를 만들기 위해서는 지속적으로 시스템 전반에 걸친 혁신을 추진할 필요가 있습니다. 기업은 생산과 소비의 변화에 대응하는 미래형 비즈니스 모델을 창출하고, 산학연은 개방형 혁신과 미래 인재 양성을 통해 혁신 역량을 키워가야 합니다. 공공 영역에서는 미래의 생산과 소비를 뒷받침할 수 있는 제도와 인프라를 마련하고, 사회적으로는 변화에 걸맞은 문화를 확립하는 것이 필요합니다.

이번 미래전략 보고서가 생산과 소비의 혁명적 변화를 이끄는 비전을 제시하고 공감대를 형성함으로써 발전된 미래로 이끄는 단초가 되기를 기대합니다. 마지막으로, 미래준비위원회 이광형 위원장님과 위원님들, 그리고 본 보고서가 완성될 수 있도록 애써주신 모든 분들께 감사드립니다.

미래창조과학부 장관 최양희

4차 산업혁명은 현재 일부 산업 현장에서 일어나고 있는 제조와 빅데이터, 인공지능의 결합이 혁명적인 경쟁력 향상을 가져올 것이라는 의미에서 붙여진 명칭입니다. 앞서 있었던 1차 산업혁명(증기기관 발명), 2차 산업혁명(전기모터 발명), 3차 산업혁명(정보기술 발전)과 달리 시작 단계의 변화를 선언적으로 명명한 점에서 차이가 있습니다.

초연결성, 융합 등으로 대변되는 4차 산업혁명 시대에, 기술 발전과 융합이 속도를 더하면서 생산성을 높이고 생산·유통 비용을 낮춰 소득 수준과 삶의 질을 향상시켜 줄 것으로 기대를 모으고 있습니다.

4차 산업혁명은 특히 기존의 생산·제조 시스템에 소비자의 요구를 결합하고 융합해서 부가가치를 높이는 것이라고 할 수 있습니다. 네트워크, 빅데이터, 인공지능, 클라우드, 사물인터넷에 의해 데이터가 흐르고 축적되며 처리되고 있습니다. 이를 통해 소비 성향이 생산에 직접 반영되고, 제조가 서비스로 확대되어 새로운 부가가치를 창출하게 됩니다. 그럼으로써 생산과 소비가 결합되는 변화가 일어나는 것입니다.

우리 미래준비위원회는 2015년부터 대한민국을 변화시킬 중요 미래이슈들을 분석하여 아래와 같이 시리즈로 출판하였고, 이번에 발표하는 내용은 다섯 번째가 되겠습니다.

『10년 후 대한민국, 미래이슈 보고서』,
『10년 후 대한민국, 이제는 삶의 질이다』,
『10년 후 대한민국, 뉴노멀 시대의 성장 전략』,
『10년 후 대한민국, 미래 일자리의 길을 찾다』

이번 『10년 후 대한민국, 4차 산업혁명 시대의 생산과 소비』 보고서는 전체 4장으로 구성되어 있습니다. 제1장에서는 4차 산업혁명 시대 생산과 소비 혁명의 의미와 주요국 현황, 제2장에서는 생산과 소비 혁명의 동인, 트렌드, 사례 등을 통한 변화 전망, 제3장에서는 생산·소비 변화 속 우리의 현주소와 산업 분야 전망, 그리고 제4장에서는 미래형 비즈니스 모델의 구축 등의 생산과 소비의 혁명 시대의 미래전략을 제시하고 있습니다.

미래학에서는 한 가지 절대 미래(THE FUTURE)를 주장하지 않습니다. 인간의 노력과 준비, 자세에 따라 여러 가지 다양한 대안 미래 (alternative futures)를 창조할 수 있다고 생각합니다. 본 보고서에서는 이 같은 미래학의 관점을 반영해서 생산과 소비의 혁명과 관련한 다양한 의견을 담으려고 노력했습니다.

본 보고서를 읽는 독자분들에게 다가올 미래의 구체화된 모습과 방향을 보여주고, 방향성을 모색하는 데 도움이 될 수 있었으면 좋겠습니다. 생산과 소비의 융합적 혁명에 대한 활발한 논의를 지피는 중요한 불쏘시개가 되길 바라며, 우리나라의 길을 개척해 나가는 데 일조할 수 있기를 희망해 봅니다.

감사합니다.

미래창조과학부 미래준비위원장 이광형

차례 CONTENTS

그림 | 표 차례 CONTENTS

10년 후
대한민국
미래전략
보 고 서

제 1 장

생산과 소비의
혁명이란?

4차 산업혁명 시대
생산과 소비의 융합

■ 4차 산업혁명의 도래와 생산과 소비의 혁명

2016년 1월, 다보스 포럼이 개최되어 '4차 산업혁명(the 4th Industrial Revolution)의 이해'라는 주제로 전 세계 지도자들이 모여 열띤 논의를 벌였다. 다보스 포럼은, 현재 일어나는 변화들을 '4차 산업혁명'이라는 개념으로 정리하며 이에 대응하는 혁신의 필요성을 되새기는 계기가 되었다. 그리고 불과 몇 개월 후에 열린 이세돌과 알파고(AlphaGo)의 바둑 대결은 우리 사회에 큰 충격을 안겨 주었다. 이세돌의 무난한 승리를 기대했던 많은 이들은 인공지능(artificial intelligence, AI)에게 고전하다 패한 '인간 대표'를 보면서 당혹감을 느끼지 않을 수 없었다. 인공지능 기술과 사물인터넷, 모바일, 클라우드, 빅데이터 등의 지능정보기술[1]이 촉발하는 4차 산업혁명과 그로 인한 사회적 충격을 세계 어느 나라보다 먼저 실감하게 된 것이다.

이처럼 4차 산업혁명은 현실로 성큼 다가와 있다. 2017년 다보스 포럼에서는 이를 4차 산업혁명의 본격화로 표현하고, 불확실해지는 미래를 헤쳐 가기 위한 '소통과 책임의 리더십(Responsive and Responsible Leadership)'을 핵심 주제로 다루었다. 여기에서 미래준비를 위해 '생산의 미래'와 '소비의 미래'를 포함한 14가지 시스템 이니셔티브들이 제안되었다. 그런데 이렇게 대두되고 있는 4차 산업혁명이라는 개념은 사실 완전히 새로운 것은 아니다. 근래 논의되던 제조 혁신, 사물인터넷(Internet of Things, IoT) 혁명, 한계비용 제로 사회(The Zero Marginal Cost Society)[2] 등의 연장선상에 있다고 할 수 있다. 그럼에도 최근 그 영향력이 더욱 크게 느껴지는 이유는 무엇일까?

변화의 물결이 생각보다 가까이 다가와 광범위한 측면에서 나타나고 있기 때문이다. 이전에는 변화가 다소 관념적, 피상적으로 여겨

....

1 '지능정보기술'이란, 고차원적 정보 처리를 ICT를 통해 구현하는 기술로, 인공지능으로 구현되는 '지능'과 데이터·네트워크 기술(ICBM)에 기반한 '정보'가 결합된 형태이다. (출처: 관계부처 합동, 『제4차 산업혁명에 대응한 지능정보사회 중장기 종합대책』, 2016. 12.)

2 한계비용 제로 사회란 경제학자 제러미 리프킨(Jeremy Rifkin)이 동명의 저서(2014년)에서 제시한 개념으로, 기술 발전으로 생산성이 최고점에 달하면서 제품과 서비스의 한계비용(marginal cost, 한 단위 더 생산하는 데 들어가는 추가 비용)이 제로 수준이 되어 상품 가격이 거의 공짜가 되는 사회를 가리키는 말이다.

졌다. 그러나 지금은 인간의 역할이 인공지능으로 대체될 수 있다는 위협까지 드리우고 있는 것이다. 또한 지능정보기술에 의한 새로운 산업혁명은 지금까지 경험했던 것보다 더 크고 강력하게 경제, 사회 전반의 지각변동을 예고하고 있다.

특히 주목할 만한 점은 4차 산업혁명이 가져올 변화가 공급 측면의 생산 영역에만 그치지 않는다는 것이다. 그 여파는 수요 측면의 소비, 심지어 개인의 일상생활에까지 미쳐 '지능정보사회'로의 전환을 가속시킬 것으로 예상된다. 이러한 취지에서 본 보고서에서는 4차 산업혁명에 의한 변화를 우리 생활에서 큰 비중을 차지하고 쉽게 접할 수 있는 '생산(production)'과 '소비(consumption)' 키워드를 통해 살펴보고자 한다.

■ 미래이슈로서 '생산과 소비의 혁명'

'생산과 소비의 혁명'이 미래 사회에 미칠 영향력은 2015년 미래준비위원회가 발표한 『10년 후 대한민국, 미래이슈 보고서』의 '제조 혁명' 이슈로부터 살펴볼 수 있다. 『10년 후 대한민국, 미래이슈 보고서』에서는 전문가 설문조사, 학술 자료, 포털 사이트 뉴스 키워드 등의 입체적 분석을 통해 미래이슈가 다른 미래이슈들이나 핵심기술들과 어떻게 영향을 주고받을 것인지 분석한 바 있다.

미래이슈와 핵심기술 간 연관관계를 분석한 결과, '제조 혁명' 이
슈는 〈그림 1-1〉에서 볼 수 있듯이 미래이슈들 중 핵심기술들과 가
장 높은 관련성을 갖는 것으로 나타났다. '제조 혁명' 이슈는 핵심기
술들 중 3D 프린터와 연관관계가 가장 높았으며, 이외에 인공지능,
사물인터넷, 가상현실 등과도 연관을 보였다.

〈그림 1-1〉 '제조 혁명' 이슈와 핵심기술과의 연관 관계

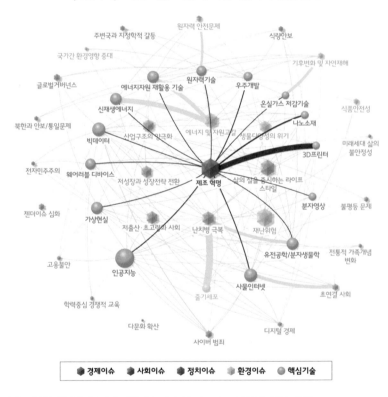

출처: 미래준비위원회, 『10년 후 대한민국, 미래이슈 보고서』, 지식공감, 2015, 64쪽.

이러한 핵심기술들에 의해 이루어지는 '제조 혁명'은 생산과 소비 전반을 변화시킬 수 있다. 지능정보기술로 세상의 연결성이 높아지고 사물이 지능화되면서, 제조를 비롯한 생산 활동이 소비와 밀접하게 결합할 것이기 때문이다. 예를 들어, 미쉐린 등의 타이어 기업은 센서를 부착한 타이어를 물류 회사에 판매하고, 타이어 비용과 유류 비용을 최적화하는 서비스를 제공할 수 있다. 이용 과정에서 생성되는 센서 데이터는 소비자 의견과 함께 분석되어 다시 제품의 생산과 결합된다. 이렇듯 '제조 혁명'은 향후 제품과 서비스를 생산하고 소비하는 방식을 바꿔 놓을 것이다. 이러한 관점에서 '제조 혁명' 이슈는 자연스럽게 '생산과 소비의 혁명' 이슈로 확장될 수 있다.

'생산과 소비의 혁명' 의미와
미래전략의 필요성

■ 생산과 소비의 혁명적 변화의 도래

경제적 측면에서 볼 때, "인류의 역사는 생산과 소비가 변화하고 혁신되는 과정이다."라고 해도 과언이 아니다. 생산과 소비 방식의 급격한 변화가 있을 때마다 사회와 개인 생활 또한 큰 변화를 겪어왔다. 이러한 생산과 소비의 총체적 변화를 대표하는 산업혁명의 역사적 전개는 〈그림 1-2〉에 정리된 것과 같다.

증기기관이 발명되며 1780년대에 1차 산업혁명이 시작되었다. 이로인해 사람의 수작업 대신 기계를 이용해 제품을 생산하는 길이 열렸다. 나아가 증기기관차는 지역과 지역을 연결하는 수단이 되었다. 발

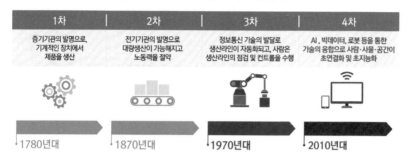

〈그림 1-2〉 산업혁명의 역사적 전개

1차	2차	3차	4차
증기기관의 발명으로, 기계적인 장치에서 제품을 생산	전기기관의 발명으로 대량생산이 가능해지고 노동력을 절약	정보통신 기술의 발달로 생산라인이 자동화되고, 사람은 생산라인의 점검 및 컨트롤을 수행	AI, 빅데이터, 로봇 등을 통한 기술의 융합으로 사람·사물·공간이 초연결화 및 초지능화
1780년대	1870년대	1970년대	2010년대

출처: 미래창조과학부, 한국과학기술기획평가원, 「이슈분석: 4차 산업혁명과 일자리의 미래」, 2016. 3. 28., 1쪽.

전기와 전동기가 발명되면서 1870년대에는 2차 산업혁명이 일어났다. 석탄 산지로부터 멀리 떨어진 곳에도 전기에너지를 공급받아 공장을 가동할 수 있게 되고, 분업과 기계화에 기초한 대량생산 시스템이 확산되었다. 이에 따라 사람들은 더욱 질 좋고 저렴해진 재화를 풍부하게 공급받을 수 있게 되었다. 이 시기에는 자동차, 유선전화, 텔레비전이 도입되며 국가 내의 연결성을 높일 수 있었다. 3차 산업혁명은 1970년대부터 반도체, 컴퓨터, 인터넷 등 정보통신기술(ICT)이 도입되면서 일어났다. 이를 이용하여 노동집약적 작업이 이루어지던 생산 시스템이 자동화될 수 있었다. 또한, 인터넷, 이동통신 등을 통해 세계가 하나로 연결되는 기반이 마련되었다.

2010년대 들어 여러 기기가 지능화되고, 만물이 집약적으로 연결되는 새로운 문명사적 변화가 나타나기 시작했다. 특히 사물인터넷(IoT),

빅데이터(Big Data), 클라우드 컴퓨팅(Cloud Computing), 모바일(Mobile), 인공지능(AI) 등 지능정보기술이 다른 분야와 융합하며 변화의 속도가 더욱 빨라지고 있다. 또한, 인터넷이 등장하며 형성된 가상공간이 실제공간과 결합하며, 사람-사물-공간이 고도로 연결되고 단순한 정보 축적을 넘어 지능화가 이루어지기 시작했다. 세계경제포럼(World Economy Forum, WEF)에서 논의된 '4차 산업혁명'이 의미하는 것이 바로 이것이다. 기존에는 분리되어 있던 물리적·가상적·생물학적 영역들이 융합되면서 새로운 역사가 만들어지고 있는 것이다.

현재 진행 중인 이러한 변화는 몇 가지 측면에서 이전과 다르다. 첫째, 과거의 산업혁명이 기계가 인간의 육체노동을 대체하는 과정이었다면, 앞으로는 인간의 지적 능력까지 대체할 수 있을 것이다. 둘째, 지금까지는 사람 간의 연결성이 강화되어왔다면, 앞으로는 사람-사물 간, 사물-사물 간 연결성이 총체적으로 강화될 것이다. 셋째, 지금까지 변화가 실제공간을 중심으로 일어났다면, 앞으로는 실제공간이 가상공간과 결합하여 변화가 가속될 것이다. 이러한 변화는 기술의 차원을 넘어 경제와 사회에 근본적인 지각변동을 몰고 올 것으로 예상된다.

■ '생산과 소비의 혁명' 의미

앞에서 살펴보았듯이, 우리 앞에 4차 산업혁명이라는 거대한 물결이 밀려오고 있다. 그리고 4차 산업혁명의 밑바탕에는 초연결이라는 핵심동인이 자리하고 있다. 정보화 기술이 성숙하며 인간과 인간을 연결해 주는 인터넷에서, 사물과 사물을 연결해 주는 사물인터넷의 시대로 접어드는 것이다. 모든 사물이 연결되어 사물에 관한 데이터 가 수집, 저장됨으로써 빅데이터가 형성되고, 이를 인공지능이 가공 하여 새로운 부가가치를 창출하게 될 것이다. 또한, 이러한 빅데이터 와 인공지능을 포함한 사물들의 네트워크를 통해 사물의 변화를 실 시간으로 조정, 관리할 수 있게 된다. 관련되는 모든 사물을 관리·운영하는 초연결 플랫폼이 형성되는 것이다.

'생산과 소비의 혁명'이란 이러한 초연결 플랫폼이 기술·경제·사회 전반에 확산되면서 생산과 소비의 전 과정이 지능화되고, 또한 서로 긴밀하게 상호작용하게 되는 혁명적 변화를 가리킨다(《그림 1-3》 참고).

〈그림 1-3〉 '생산과 소비의 혁명' 의미

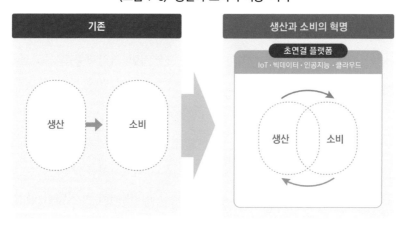

제품과 서비스를 생산하고 소비하는 경제 활동은, 생산자가 가치를 만들어 내어 소비자에게 전달하는 가치사슬(value chain)의 관점에서 살펴볼 필요가 있다. 가치사슬이란 고객에게 가치를 주는 기업 활동, 기업 활동을 가능하게 하는 생산과정, 기업 활동을 통하여 소비자의 욕구가 충족되는 과정 전체를 의미한다. 가치사슬에서 기업의 활동이 가치를 가질 수 있도록, 기업은 소비자가 원하는 가치를 반영한 제품과 서비스를 신속하게 제공하려고 노력한다. 따라서 기업은 상호 협력하는 공급자와 정보를 공유하고 지속적으로 소비자의 정보를 파악한다. 그런데 앞서 언급한 사물인터넷, 빅데이터, 인공지능이 형성하는 초연결 플랫폼을 통해 소비와 생산을 직접 연결하고, 생산과 소비의 프로세스들 간에도 거의 실시간으로 정보를 공유할 수 있게 되었다. 즉, 판매 현장에서 나타나는 소비자의 요구가 실시간으로 기획이나 디자인, 제조 단계에 반영될 수 있게 된 것이다. 다시 말해, 소비와 생산이 결합되는 것이다.

　〈그림 1-4〉를 보자. 기존에는 생산 공정이 순차적으로 관리되므로 소비자의 요구가 생산에 반영되려면 상당한 시간이 필요했다. 즉, 소비자가 원하는 가치를 만족시키는 것에 제한이 있을 수밖에 없었다(〈그림 1-4〉 왼쪽). 그러나 초연결 플랫폼에 의하여 소비자의 요구가 생산에 실시간으로 반영될 수 있게 됨에 따라 소비자 만족과 생산성이 획기적으로 향상될 것이다(〈그림 1-4〉 오른쪽). 이러한 현상은 초연결이라는 변화가 만들어 낸 생산과 소비의 혁명이라고 할 수 있다.

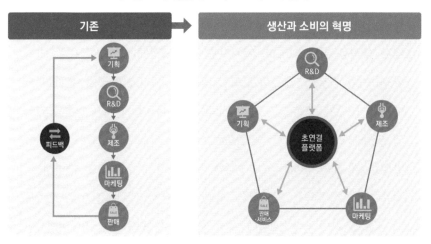

〈그림 1-4〉 생산과 소비 프로세스의 변화

  이러한 변화는 가치사슬 자체의 성격에도 변화를 가져온다. 2000
년대에는 ICT의 발전과 지식경제의 확산으로, 가치사슬 상 부가가치
에서 제조 부분의 비중이 상대적으로 낮아지며 스마일 커브의 모양
을 띠게 되었다(〈그림 1-5〉 참조). 이에 따라 다국적 기업들이 제조 시
설을 인건비가 저렴한 아시아 국가 등으로 이전하고 모기업은 R&D
와 서비스에 집중하게 되었다. 가치사슬의 국제적 분담이 이루어진
것이다. 우리나라의 대기업들도 제조 시설을 중국, 동남아시아로 이
전하고, 국내에서는 핵심R&D, 판매, 서비스를 수행했다.

〈그림 1-5〉 가치사슬의 변화

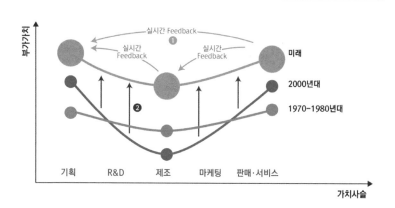

그러나 4차 산업혁명으로 가치사슬과 부가가치에 변화가 일어나며 스마일 커브의 형태가 바뀌고 있다. 가치사슬 프로세스 내에 지능정보기술이 적용되고 정보가 공유됨에 따라(화살표 ①), 가치사슬 전체의 부가가치가 상승하면서 제조 부분의 비중이 다시 높아지게 된다(화살표 ②). 이에 따라, 선진국들은 한동안 홀대하던 제조 부분을 재조명하게 되었다. 최근 선진국의 기업들이 제조 시설을 본국으로 되돌리는 리쇼어링(reshoring) 현상도 이러한 맥락에서 이해할 수 있다.

■ '생산과 소비의 혁명' 미래전략 마련의 필요성

『파이낸셜타임스(Financial Times)』의 전 편집장인 피터 마시(Peter Marsh)는 앞으로 전개될 '생산과 소비의 혁명'에 대해 다음과 같이 예측하고 있다.

첫째, 새로운 산업혁명은 2040년경까지 계속될 것이고, 그 속성들이 상호작용하면서 21세기 말까지 광범위하게 영향을 미칠 것이다. 둘째, 맞춤형 생산의 기회가 더욱 많아질 것이며, 기업들은 대량 맞춤화(mass customization)나 대량 개인화(mass personalization)를 통해 고객들에게 더욱 넓은 선택의 폭을 제공할 것이다. 셋째, 제품·서비스의 생산이 글로벌 가치사슬에 걸쳐 확산되고, 고비용 국가, 저비용 국가마다 역할을 맡으며 사업 기회를 찾아갈 것이다. 넷째, 특정 그룹 고객을 대상으로 하는 틈새시장(niche market)이 세계적으로 성장할 가능성이 커지면서, 기업들은 특정 영역에 전문화할 기회를 더 많이 얻게 될 것이다. 다섯째, 생산자는 더욱 높아진 환경 의식으로 인해 지속가능성(sustainability)을 추구할 것이며 물질의 재활용이 일반화될 것이다.

이러한 변화는 경제·사회 전체를 단기간에 바꾸어 놓는다는 점에서 혁명적이라고 할 수 있다. 그리고 현재 일어나는 생산과 소비의 대전환은 우리에게 위기와 기회를 함께 몰고 올 것이다(〈그림 1-6〉 참조).

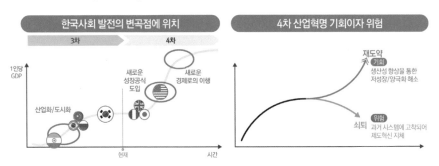

〈그림 1-6〉 '생산과 소비의 혁명' 미래전략 마련의 필요성

출처: 이지효, 『대담한 디지털 시대』, 알에이치코리아, 2016, 103쪽을 인용하여 재가공.

　지난 산업혁명의 역사를 되돌아보면 변화를 주도한 주체는 새로운 국제 질서를 좌우하며 역사의 주역으로 부상하였다. 반면, 변화의 흐름에서 뒤처진 경우에는 한때 열강으로 군림했던 주체일지라도 쇠락의 길을 걸어야 했다. 향후 도래할 생산과 소비의 혁명에서도 그 흐름을 주도할 주체에 의해 새로운 역사가 쓰일 것이다.

　'생산과 소비의 혁명'은 신흥국과의 경쟁에서 위기감을 느낀 선진국에서 촉발되고 있다. 중국, 인도 등의 신흥국들은 풍부한 자원과 저임금 구조에 힘입어 빠르게 산업을 발전시켜 온 반면, 일부 선진국들은 고비용화, 고령화, 노동력 부족 등의 영향으로 산업 경쟁력이 점차 쇠퇴하는 추세였다. 선진국들은 이러한 상황을 타개하고자, 신흥국에 비해 우위를 갖는 과학과 기술에 기반하여 생산과 소비의 패러다임을 바꾸고자 하고 있다.

　선진국들의 이러한 노력은 더욱 치열해지는 글로벌 경쟁에 내던져

져서 성장의 한계를 경험하고 있는 우리나라에 시사하는 바가 크다. 글로벌 경쟁은 격화되어 초경쟁(hyper-competition)의 시대라고 불리고 있다. 그중에도 우리나라는 〈그림 1-6〉에서 보듯이 앞서가는 선진국뿐 아니라 뒤쫓아 오는 신흥국과의 경쟁에 직면해 있다. 그동안 경제 성장에 크게 기여했던 후발 추격형, 대량생산, 수출 주도 성공 모델은 이미 한계를 드러내고 있다.

2013년 노벨 경제학상을 수상한 로버트 J. 실러(Robert J. Shiller) 예일대 교수는 "사회에 거대한 혼란이 다가온 뒤 4차 산업혁명을 대비하려고 한다면 그때는 너무 늦을 것이다."라고 지적했다. 지금이야말로 다가오는 생산과 소비의 흐름으로부터 도태되지 않고, 새로운 도약의 기회로 삼기 위해 미래전략을 수립해야 하는 시점이다.

Chapter.

03절

주요국의 대응 현황

앞에서 살펴본 바와 같이 과학기술에 기반한 생산·소비 혁명의 개념은, 미국과 독일을 중심으로 신흥국의 추격에 대응하려는 과정에서 구체화되었다고 할 수 있다. 주요 강대국들은 자국의 강점을 지렛대 삼아, 생산과 소비의 혁명을 남들보다 앞서 현실화하고 세계 경제에서 주도권을 갖고자 하고 있다.

미국은 지능정보기술 역량을 가진 민간 기업들이 주도하는 가운데 정부가 이를 지원하며 생산과 소비의 혁명에서 앞서가고 있다. 구글, 아마존 등은 인공지능, 클라우드 등에서의 독보적 기술력을 바탕으로 세계에 파괴적 혁신을 몰고 오고 있다. 그리고 제너럴 일렉

트릭(General Electric, GE) 등이 중심이 된 산업인터넷 컨소시엄(Industry Internet Consortium, IIC)에 여러 조직들이 참여하여 산업 플랫폼을 확대해 가고 있다. 미국 정부는 경쟁력 강화와 제도 마련을 통해 이러한 움직임을 뒷받침하고 있다. 사이버-물리 시스템(cyber-physical system, CPS)[3]의 실증 프로그램인 '스마트 아메리카 챌린지(Smart America Challenge)'를 2013년에 시작하였다. 그리고 2014년에는 신기술을 통한 제조 혁신 전략 '메이킹 인 아메리카(Making in America)'를, 2015년에는 '미국 혁신의 새로운 전략(New Strategy for American Innovation)'을 잇달아 발표하며 새로운 산업혁명을 선도하려는 목표를 분명히 나타내고 있다. 그리고 정부와 민간이 연계하여 제조 산업과 관련된 다양한 이슈를 해결하고 효과적인 연구 기반을 마련하기 위해 '제조혁신 네트워크(the National Network for Manufacturing Innovation, NNMI)'를 운영하고 있다.

독일은 기계, 부품 등 전통 제조업에서 축적된 강점에 기반하여 생산·소비의 혁신 전략을 두 가지 방향으로 전개하고 있다. 첫째, 경쟁력 있는 제품과 서비스를 생산하는 자국 기업들을 육성하고, 둘째, 경쟁력 있는 산업 입지를 구축하여 글로벌 기업들을 적극적으로 유치한다는 것이다. 이를 위해 2012년부터 인더스트리 4.0(Industrie 4.0)

---

3 사이버-물리 시스템이란 실제공간의 다양한 데이터를 사물인터넷 등으로 수집하고, 사이버상에서 대규모 데이터 처리 기술로 분석해 창출한 정보나 지식을 활용해 산업 활성화나 사회문제의 해결을 도모하는 것이다.

을 추진한 것에 이어, 2015년부터는 '플랫폼 인더스트리 4.0(Plattform Industrie 4.0)'을 실시하여 정부의 역할을 강화하고 다양한 관계자들의 참여를 이끌고 있다. 독일은 전통 제조업에서 기술 경쟁력을 가지나 인건비가 높고 디지털 역량이 비교적 부족하다는 약점을 갖는다. 이러한 점들을 분명히 인식하여 디지털 기술에서 앞선 미국이나 비용 경쟁력을 갖춘 인도, 중국과의 협력을 강화하고 있다. 그리고 궁극적으로는 스마트 제조·서비스 플랫폼에서 자국의 영향력을 세계적으로 강화하려 하고 있다.

일본은 경제, 사회 전반을 변화시키는 국가적 프로젝트로서 4차 산업혁명 전략을 추진하고 있다. 일본은 이전에는 모노즈쿠리(ものづくり, 物作り)[4] 등 기존 정책의 연장선상에서 산업 경쟁력 회복 대책을 논의해 왔다. 그러나 인공지능, IoT, 빅데이터 등의 첨단기술이 산업과 고용의 구조를 극적으로 변화시키는 가운데, 미국, 독일이 앞서가는 모습에서 자극을 받아 '일본 재흥 전략 개정 2015'(2015년 6월)부터 4차 산업혁명 대응을 명시하기 시작하였다. 그리고 민관 합동의 '신산업구조부회'가 '신산업구조 비전' 중간정리를 2016년 4월 발표한 것에 이어, 4차 산업혁명 종합전략 '일본 재흥 전략 개정 2016'을 6월

---

4 일본 정부는 '모노즈쿠리 기반 기술 진흥 기본법'(1999년) 제8조에 따라 제조업 기반 기술 진흥 시책을 담은 『모노즈쿠리 백서』를 매년 발표하고 있다.

에 마련하였다.[5] 일본은 4차 산업혁명 대응에 다소 뒤늦었다는 평가도 받지만, 오히려 앞선 주자들의 사례를 치밀하게 분석하여 체계적으로 추진할 것으로 예상된다. 그리고 제조업, 로봇 분야에서 과학기술에 기반하여 보유해 오던 경쟁력을 지능정보기술을 통해 펼쳐가는 방향성을 보이고 있다.

중국은 정부 주도로 기술 개발을 강화는 가운데 거대한 내수시장을 활용하여 선진국들을 따라잡으려 하고 있다. 특히, 2015년 들어 '중국 제조 2025'와 '인터넷 플러스(Internet Plus)'[6]를 통해 생산 혁신을 위한 5대 중점 프로젝트[7]를 시작했다. 이를 통해 향후 30년간 3단계에 걸쳐 산업구조를 고도화해 가려는 것이다. 2025년까지 1단계에서는 IT 산업의 경쟁력을 강화하고 제조업의 핵심 경쟁력을 구축하여 독일, 일본 수준의 역량을 확보하려 하고 있다. 또한, 노동생산성을 향상시키고 IT와 제조업 융합을 촉진하며, 에너지 소비와 오염물질 배출을 선진국 수준으로 감축하고자 한다. 이를 토대로, 2025

....

5 '일본 재흥 전략 개정 2016'의 주요 과제 중 하나인 '민관 전략 프로젝트 10'은 '제4차 산업혁명(IoT, 빅데이터, AI, 로봇)', '세계 최첨단 건강 입국', '서비스업 생산성 향상' 등을 포함한다.

6 중국의 '국민경제 및 사회 발전 제13차 5개년 계획'(2016~2020년)에 포함된 국가 전략 중 하나이며, 모바일 인터넷, 클라우드 컴퓨팅, 빅데이터, 사물인터넷 등의 기술을 폭넓은 업계에 확산시키는 것을 주요 목표로 한다.

7 생산 혁신을 위한 5대 중점 프로젝트는 ① 국가 제조업 혁신 센터, ② 스마트 제조 공정, ③ 부품, 소재, 기초기술 등 공업 기반, ④ 녹색 제조공정, ⑤ 고급 장비 혁신 공정이다.

년부터 2035년까지 2단계에서는 중국 제조업을 글로벌 시장을 견인할 정도로 강화하고, 2035년부터 2045년까지 3단계에서는 세계 1위의 제조업 국가로 진입하는 것을 목표로 삼고 있다.

10년 후
대한민국
미래전략
보 고 서

·제2장·

생산과 소비의
변화 전망

앞장에서 보았듯이 인류는 산업혁명의 시기마다 과학기술의 확산에 의하여 사회, 경제, 환경의 전반에서 불연속적인 변화를 경험해 왔다. 하지만 미래 생산과 소비의 혁명은 지난 산업혁명과 비교하여 볼 때 더욱 큰 파고로 나타날 것이다. 지능정보기술을 비롯한 핵심 기술들은[8] 변화의 중요한 원동력으로, 생산과 소비에서 자동화를 진전시키고, 가치 있는 데이터를 공급하며, 사람과 사물을 더욱 긴밀하게 연결해 줄 것이다. 그리고 경제·사회 영역에서 인구구조의 변화, 기후변화와 자원부족, 경제 저성장, 세계화의 가속과 신보호무역주의의 등장은 생산과 소비에 새로운 과제를 부여하며 변화를 이끌 것이다.

'다양화'과 '융합'이 핵심을 이루는 생산과 소비의 융합적 혁명이야말로 생산과 소비의 미래상이라고 할 수 있다. 우선, 생산과 소비의 '다양화' 측면에서는, ① 개인 맞춤형 생산의 확대, ② 소비 트렌드의 급격한 변화, ③ 생산·소비의 환경친화성 증대 트렌드가 두드러질 것이다. 그리고 '융합' 측면에서는, ④ 제조와 서비스의 결합, ⑤ 생산과 소비의 스마트화, ⑥ 프로세스의 글로벌 융합과 리쇼어링 현상

---

8 세계경제포럼(WEF)은 4차 산업혁명의 핵심기술로 1. 무인운송수단, 2. 3D 프린팅, 3. 첨단 로봇공학, 4. 신소재의 물리적 기술, 5. 사물인터넷/원격모니터링 기술, 6. 블록체인/비트코인, 7. 공유경제/온디맨드 경제의 디지털 기술, 8. 유전공학, 9. 합성생물학, 10. 바이오프린팅의 생물학 기술을 꼽는다. (출처: 클라우스 슈밥, 『클라우스 슈밥의 제4차 산업혁명』, 새로운현재, 2016, 35~50쪽)

이 나타나고 있다. 이 장에서는 앞서 요약 설명한 것과 같은 '생산과 소비 혁명'의 동인과 주요 트렌드를 살펴보기로 한다(〈그림 2-1〉 참조).

〈그림 2-1〉 '생산과 소비 혁명'의 동인과 미래상

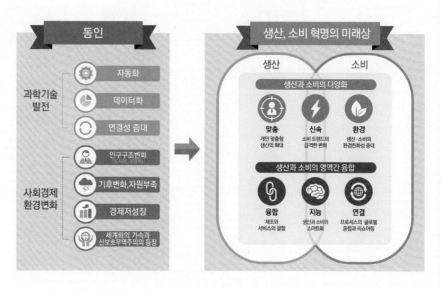

생산과 소비 혁명의 동인

과학기술의 발전에 의한 생산·소비의 변화

앞서 일어난 산업혁명의 시기마다 새로운 범용 기술(general-pur-pose technology, GPT)이 등장하여 경제·사회를 변화시키고는 했다. 범용 기술이란, 1차 산업혁명 시대의 증기기관, 2차 산업혁명 시대의 전기기관, 3차 산업혁명 시대의 ICT처럼, 경제·사회 전반에 영향을 미치며 극적인 변화를 가져오는 기술을 뜻한다. 다가올 미래에는 사물인터넷, 인공지능, 빅데이터, 클라우드 컴퓨팅, 로봇공학(Robotics), 3D 프린팅, 블록체인(blockchain) 등의 기술이 지능정보기술로 진화하여 생산과 소비의 변화를 주도할 것으로 전망된다.

실제로 미래준비위원회가 국내 전문가 978명을 대상으로 설문조사를 실시한 결과(〈그림 2-2〉 참조), 많은 응답자가 인공지능, 사물인터넷, 빅데이터를 미래의 생산·소비에 큰 영향을 미칠 과학기술로 선택하였다. 이를 통해 이러한 지능정보기술이 생산과 소비의 혁명을 이끌 범용 기술로 간주되고 있음을 유추할 수 있다.

〈그림 2-2〉 생산과 소비에 영향을 미칠 과학기술

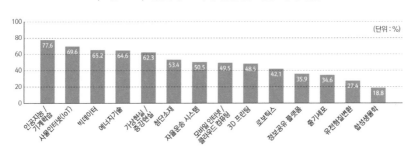

출처: 자체 설문조사.

범용 기술로써 지능정보기술은 지속적으로 성능이 향상되고 가격은 하락하면서 다른 기술이나 산업 분야와 융합하여 혁신을 촉발할 것으로 예상된다. 유사하게 지난 30년간 정보화 혁명의 핵심인 정보통신기술도 성능이 비약적으로 향상되고 가격도 크게 하락해 왔다. 실제로 10년 동안 센서의 가격은 2분의 1, 기가바이트당 데이터 저장 비용은 50분의 1, 데이터 처리 비용은 60분의 1로 저렴해졌다. 그 결과 정보통신기술이 보다 광범위하게 활용되고, 생산성과 효율성을 증대시키는 효과를 가져왔다. 앞으로 다가올 생산과 소비의 혁명 시대에는 정보통신보다 진화된 지능정보기술이 나노(Nano)나 바이오 (Bio) 등의 기술 분야, 제조와 서비스를 아우르는 산업 분야와 융합함으로써 생산성과 효율성을 획기적으로 높이는 코어 역할을 할 것이다. 이러한 변화의 방향은 자동화, 데이터화, 연결성 증대로 정리될 수 있다.

■ 자동화

지능정보기술의 발전에 힘입어 자동화 수준이 고도화되며 적용 범위 또한 확대되고 있다. 미래에는 기계가 단순한 저숙련 육체노동의 대체를 넘어, 의사 결정, 최적화, 소통·교류 등의 지식노동도 수행하고, 개인의 맞춤형 소비까지 지원하게 될 것이다. 그 중심에는 인공지능 기술로 대표되는 디지털 기술과 3D 프린팅으로 대표되는 개인화 제조 기술이 있다.

인공지능은 인간의 지각, 추론, 학습 등과 같은 지적 능력을 디지털로 구현하여 문제 해결력을 크게 높인 기술이다. 딥 러닝(deep learning) 등의 머신러닝(machine learning)에 힘입어 인공지능은 최근 획기적 발전을 이루었다. 머신러닝은 사람 얼굴이나 음성의 인식, 소설이나 회화의 창작 등 인공지능에게 무리라고 여겨지던 수준까지 단번에 도약하도록 만들었다. 최근에는 의료 및 투자 자문, 자율주행 등 여러 분야로 적용이 확대되고 있다. 인공지능은 나날이 축적되는 빅데이터를 재료 삼아 더욱 현명해질 것이라 예상된다.

또한, 3D 프린팅 기술의 발전에 힘입어 디지털 설계도로부터 실제의 제품을 자동으로 구현할 수 있게 되었다. 미래에는 3D 프린팅이 확산되면서 산업 및 생활의 기반 기술로 정착할 것이라 예상된다. 개인의 일상에도 3D 프린팅이 일반화되어 가정이나 사무 공간에서도 필요한 물품을 바로 만들어 쓰고, 대형 기계 설비 없이도 제품을 만드는 1인 제조업도 활성화될 것이다. 나아가 3D 프린팅을 활용한 초정밀 가공으로 인공장기·인체 조직 등을 생산하고, 대형 복합 3D 프린터를 이용하여 비행기, 우주선 등의 첨단 제품도 제작하는 시대가 올 전망이다.

자동화는 생산·소비가 데이터화됨에 따라 급증하는 데이터 분석에 유용하게 활용되며 가치를 창출할 것이다. 예를 들어, 자동화 데이터 분석 서비스를 이용해 이전에는 미처 몰랐던 새로운 사업 기회를 발굴하고, 다양한 소비자의 개별적 수요를 포착할 수 있게 될 것이다. 그리고 자동화된 시장분석 서비스를 활용해 소비 패턴을 분석하고 특화된 개별 마케팅을 제공할 수도 있다. 제조업에서는 생산 공정 자체가 지능화, 유연화되면서 개개인의 수요에 대응하는 맞춤형 제품의 제공이 가능해진다. 의료 분야에서는 인공지능 기반의 데이터 분석으로 환자 개개인의 유전체 및 생활패턴 분석을 최신 논문 및 사례 분석 등과 결합할 수 있게 된다. 이를 통해 진단의 정확성을 높이고 맞춤형 처방을 제시할 수 있게 될 것이다. 법률 분야에서도 방대한 판례를 신속하게 분석하여 소송에 대처하는 최적의 가이드라인을 제시해 줄 것이다.

■ 데이터화

실제공간의 정보가 디지털 데이터로 전환되는 비율이 높아지면서 데이터는 생산과 소비의 중요한 자원으로 진화되고 있다. IT 시장조사기관 IDC(International Data Corporation)에 의하면, 연도별 디지털 데이터 생성은 2013년 4.4 제타바이트(ZB=10^{12}GB)에서 2020년 44조 제타바이트로 10배나 증가할 것(〈그림 2-3〉 참조)이라고 한다. 2018년 이후에는 신흥국의 데이터 생성이 선진국을 추월하며 이러한 추세를 주도할 것이다.

〈그림 2-3〉 디지털 데이터의 급격한 증가

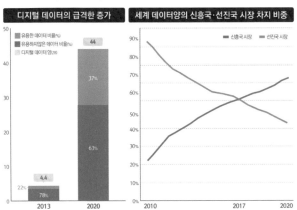

출처: V. Turner 등, 『The Digital Universe of Opportunities: Rich Data and the Increasing Value of the Internet of Things』, Dell EMC & International Data Corporation, 2014. 4.

데이터가 풍부해지더라도 제때 분석하여 필요한 정보로 가공할 수 없으면 무용지물이다. 기존의 데이터베이스 기술로는 자료의 추출에만 몇 주 내지는 몇 달이 걸렸다. 그러나 컴퓨팅 기술의 발전으로, 이제는 방대한 데이터라도 실시간으로 처리하여 활용할 수 있게 되었다. 이러한 빅데이터 분석 기술의 적용이 확대되며 전체 데이터에서 활용 가능한 데이터의 비중도 2013년 22%에서 2020년 37%로 높아질 전망이다.

이용 가능한 데이터의 증가와 신속한 분석은 다양한 제품과 서비스를 소비자 맞춤형으로 제공할 수 있게 해준다. 지금까지의 보험 산업은 보험사가 사전에 설계한 기성 보험 상품 중 하나를 가입자가 선택하는 방식이었다. 하지만 미래에는 보험사가 가입자의 일생을 분석하여 한 사람 한 사람에 맞춘 보험 상품을 제시하는 형태로 바뀔 것이다. 또한, 사물인터넷으로 새로운 유형의 데이터를 축적할 수 있게 되어 정밀농업(Precision Farming), 핀테크(FinTech), 자율주행 등 새로운 서비스들의 실현을 가속화시킬 것이다.

■ 연결성 증대

정보통신기술의 발달로 지난 10여 년간 세계의 연결성은 비약적으로 증대되어 왔다. 세계의 인터넷 사용자는 2005년 10억 명에서 2015년 32억 명으로 3배 넘게 증가했다. 이에 따라 나타난 디지털 플랫폼은 수많은 생산자와 소비자가 참여하며 산업의 중심이 되고 있다. 소규모 사업자나 개인도 디지털 플랫폼을 통해 산업이나 사회에 큰 영향력을 행사할 수 있게 되었다. 최근 중국 샤오미(Xiaomi, 小米科技)의 급성장, 2013년 미국 에드워드 스노든(Edward Snowden)의 위키리크스(WikiLeaks) 파문, 에어비앤비나 배달의 민족 같은 새로운 비즈니스의 등장은 이러한 변화를 단적으로 보여준다.

앞으로는 사람과 사물 간의 연결, 사물과 사물 간의 연결도 증가할 것이다. 미국의 네트워크 기업 시스코(Cisco)는 인터넷에 연결된 기기가 2015년 150억 개에서 2020년경에는 500억 개로 크게 증가할 것이라 예상했다. 이러한 사물인터넷 세계는 부품, 반제품, 제품 등에 부착된 센서, 이들을 연결하는 무선인터넷, 근거리 통신 등이 근간을 이룬다. 실제 세계에서 수집한 다양한 정보를 가상공간에서 축적·활용할 수 있게 됨에 따라 이들 사이를 매개하는 사이버-물리 시스템(CPS)이 중요해진다. 이때 빅데이터, 인공지능 등의 지능정보기술은 직·간접적으로 CPS의 기능에 기여하게 된다. 〈그림 2-4〉는 CPS가 데이터를 수집·축적·해석하고, 실제공간에 피드백하는 순환적 관계를 보여준다.

사물인터넷에 의해 연결성이 비약적으로 증가하면서 생산과 소비의 과정도 최적화될 수 있다. 생산 시스템이 지역적으로 분산되더라도 중앙에서 CPS를 활용하면 부품 하나, 제품 하나의 상태까지 통합적으로 관리할 수 있다. 또한, 제품을 판매한 후에도 자동차를 최적 성능으로 유지·관리하거나, 스마트 워치(smart watch)로 사용자의 건강 상태를 지속적으로 점검하는 등의 서비스도 다채롭게 활성화될 것이다. 나아가 소비자는 제품을 통해 생산자와 소통하며 생산에 참여할 뿐만 아니라, 소비자 간 정보 공유를 통해서 생산자에 대한 영향력을 높여갈 것이다.

<그림 2-4> 사이버-물리 시스템(CPS) 사이클

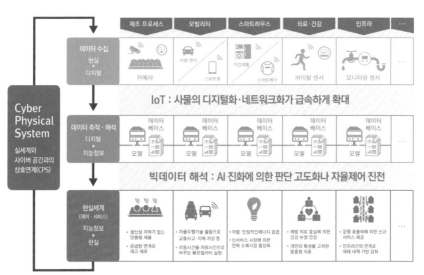

출처: 이정아, 「CPS 기반의 사회 시스템 최적화 전략」, 『IT & Future Strategy』, 한국정보화진흥원, 2015, 9쪽. (일본경제산업성 재가공)

 국가, 조직, 개인 등이 밀접하게 관련되는 현재의 세계에서, 복잡다단하게 일어나는 변화들이 순식간에 확산되며 글로벌 트렌드를 형성하고 있다. 이러한 글로벌 트렌드는 지능정보기술과 상호작용하는 가운데 생산과 소비를 변화시킨다. 국내 전문가들을 대상으로 실시한 설문조사 결과, ① 인구구조의 변화, ② 기후변화 및 자원 부족, ③ 경제 저성장, ④ 세계화의 가속 등이 미래의 생산과 소비를 변화시킬 것으로 나타났다.

〈그림 2-5〉 생산과 소비에 영향을 미치는 요인

(단위 : %)

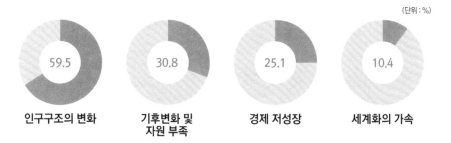

59.5	30.8	25.1	10.4
인구구조의 변화	기후변화 및 자원 부족	경제 저성장	세계화의 가속

출처: 자체 설문조사.

■ 인구구조의 변화

인구구조의 변화에서 도시화와 고령화는 특히 중요하게 고려할 부문이다. 많은 사람들이 일자리와 편의시설이 풍부한 도시에 모여들고 있다. 세계의 도시화율은 2007년 이미 50%를 넘겼고, 2050년경이면 70%를 돌파할 전망이다. 〈그림 2-6〉에서 볼 수 있는 것처럼, 도시화는 최근 중상위 소득 국가들이 주도하였으나 앞으로는 중하위 이하 소득 국가들이 이끌 전망이다. 도시는 생산과 혁신에 필요한 인력을 공급하고, 소비자들이 높은 밀도로 모인 새로운 시장이 되고 있다. 이에 따라 도시는 생산·소비 혁명의 진원지 역할을 할 것이다.

〈그림 2-6〉 국가 소득 수준별 도시화 현황 및 전망

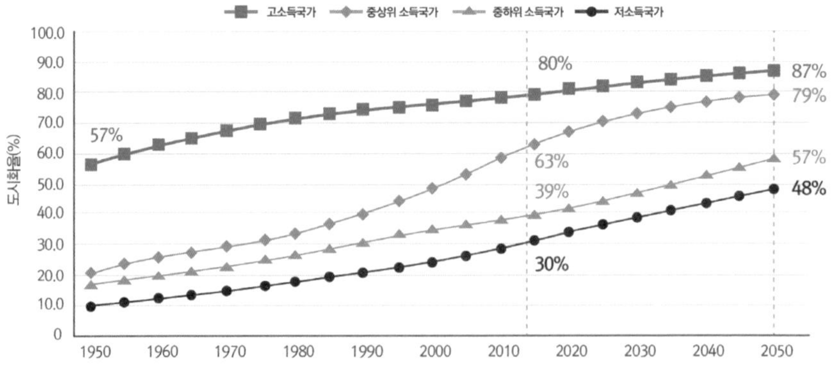

출처: UN, Department of Social Affairs Population Division, 『World Urbanization Prospects: The 2014 Revision』, United Nations, 2014, CD ROM Edition 자료 분석.

정보 인프라에 힘입어 스마트한 소비가 이루어지며, 밀집한 인구 사이에 유행이 빠르게 변화하고, 개성을 추구하며 나만의 맞춤형 상품을 찾는 사람들이 많아질 것이기 때문이다.

또한, 보건 환경 개선, 의료 기술의 발전에 따른 인류의 평균수명 증가에 의한 고령화도 큰 영향을 줄 전망이다. UN에 의하면, 세계 60세 이상 인구 비중이 2015년에는 12.3%였으나, 2050년에는 21.5% 에 달할 것이라고 한다. 고령화로 1인당 생산성이 저하되면서 생산 경쟁력을 유지하기 위한 자동화는 더욱 확산될 것이다. 그리고 고령자를 대상으로 하는 새로운 서비스 시장이 성장할 전망이다. 고령자 편의를 위한 헬스케어(health care), 스마트홈(smart home)과 교통 시스템, 쇼핑몰 등이 대표적인 사례이다.

■ 기후변화 및 자원 부족

세계적으로 기후변화가 가속화되고 자원 수급이 불안정해지고 있다. 2013년 기후변화에 관한 정부간 패널(Intergovernmental Panel on Climate Change, IPCC)[9] 보고서에 의하면, 지구의 평균 기온은 1880년

---

9 기후변화에 관한 정부간 패널(IPCC)은 기후변화 관련 과학을 연구하여 정책 입안자들에게 제공하기 위한 국제기구로서 세계기상기구(World Meteorological Organization, WMO)와 유엔환경계획(United Nations Environment Programme, UNEP)에 의해 1988년에 설립되었다.

이후 0.85℃ 상승했고, 21세기 말에는 1986~2005년에 비해 3.7℃ 상승할 것으로 전망된다. UN은 이에 체계적으로 대응하지 않으면 자연재해로 인한 경제적 손실이 21세기만 해도 최소 25조 달러에 이를 것이라고 경고한 바 있다.

경제 성장의 연료라고 할 수 있는 자원은 도시화, 산업화, 전쟁과 같은 외부 요인에 따라 수급의 변동을 겪는다. 향후 원자재의 수급은 세계적으로 중산층의 규모가 커짐에 따라 더욱 역동적으로 변화할 것이다. 또한 원자재 채굴의 한계가 가까워지면서 자원 수급의 불안정성은 높아질 것으로 예상된다. 그 결과 인류가 지금까지 자원을 이용하며 생산하고 소비해 온 방식이 미래에도 지속가능할지에 의문이 제기되고 있다.

이러한 상황에서 기후변화와 자원 부족의 문제를 극복하기 위한 세계적 노력이 이루어지고 있다. 2015년 9월 유엔총회에서는 2030년까지 추진할 환경·사회·경제적 측면의 17개 지속가능발전목표(Sustainable Development Goals, SDGs)에 대한 세부적 협의가 이루어졌다(《그림 2-7》 참조). '책임 있는 소비와 생산'은 그중 하나로 중요하게 다루어지고 있다. 또한, 2015년 12월에는 파리협정(Paris Agreement)이 체결되어, 기후변화를 억제하기 위한 선진국·개발도상국 모두가 노력하도록 하는 합의를 이루었다.

〈그림 2-7〉 UN의 17개 지속가능발전목표

■ 경제 저성장

글로벌 금융위기 이후 세계 경제의 저성장이 이어지고 있다. 현재의 저성장은 일시적 현상이 아니라 새로운 일상 상태가 되었다는 측면에서 '뉴노멀(New Normal)'로 불리기도 한다. IMF에 따르면 금융위기 전인 2001~2007년의 선진국 잠재성장률은 2.25%였으나, 2015~2020년에는 1.6%로 하락할 전망이다(〈그림 2-8〉 참조). 신흥국도 같은 기간 잠재성장률이 6.5%에서 5.2%로 낮아지는 등 저성장에서 자유롭지 못할 것으로 예상된다. 장기적으로는 어떨까? OECD에서는 인구 고령화에 따른 노동력 감소로 인해 대부분의 국가에서 2060년까지 잠재성장률이 둔화될 것으로 전망하고 있다.

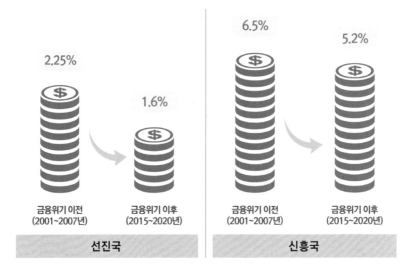

〈그림 2-8〉 선진국과 신흥국의 잠재성장률 전망

2.25%

1.6%

금융위기 이전
(2001~2007년)

금융위기 이후
(2015~2020년)

선진국

6.5%

5.2%

금융위기 이전
(2001~2007년)

금융위기 이후
(2015~2020년)

신흥국

출처: 미래준비위원회, 『10년 후 대한민국, 뉴노멀 시대의 성장 전략』, 시간여행, 2016, 24쪽.

　실체적 위협으로 떠오르는 경제 저성장 추세를 돌파하기 위해 세계적으로 신산업 창출을 위한 경쟁이 가속화되고, 기업들은 한정된 시장에서 살아남기 위해 더욱 치열하게 경쟁하고 있다.

　저성장의 지속은 소비문화에도 영향을 미칠 것이다. 일본이나 유럽 등의 선진국에서 이미 나타나고 있듯이, 최소의 비용으로 최대의 만족을 얻으려는 합리적 소비문화가 확산될 것이다. 이러한 소비 패턴의 변화는 기업들에도 영향을 미쳐서, 가격 대비 성능이 좋은 제품을 공급하는 전략이 주목 받게 될 것이다. 이러한 변화의 한 맥락에서 최근 제품에서 필수적이지 않은 부분을 생략하여 복잡성과 비용을 줄이는 '검소한 혁신(frugal innovation)'이 확산되고 있다.

■ 세계화의 가속과 신보호무역주의의 등장

세계화가 급격하게 진전되면서 제품과 서비스 외에도 자금, 인력, 정보의 국가 간 이동이 크게 증가해 왔다. 국제연합 무역개발회의(United Nations Conference on Trade and Development, UNCTAD) 통계에 따르면, 국가 간 제품 교역은 1980년의 1조 9,400억 달러에서 2015년 15조 8,500억 달러로, 서비스 교역은 2001년 1조 5,400억 달러에서 2015년 4조 7,300억 달러로 증가했다. 특히, 세계의 공장들이 개발도상국들로 이동하면서 글로벌 협업이 본격화되기 시작했다. 〈그림 2-9〉는 글로벌 협업의 과정을 단순화해서 보이기 위해, 소비자 가격 100달러인 가상의 상품을 생산하는 데 기여하는 주체들을 국가별로 시각화해 보았다. 이 같은 국가 간 협업은 현대의 생산에서 보편적 현상이 되었다.

〈그림 2-9〉 소비자 가격 100달러 상품이 글로벌 협업을 통해 완성되는 과정(예시)

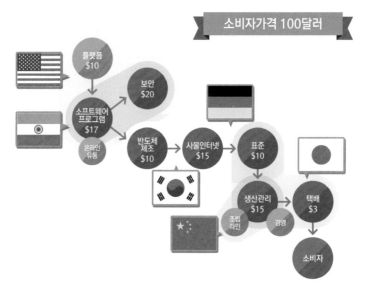

출처: 김인숙, 「제4차 산업혁명과 일자리 4.0 시사점」, 저자 발표 자료, 2016, 13쪽.

　이러한 과정에서 이전에는 세계 경제의 변방에 위치하던 중국, 인도 등 아시아 국가들이 중요한 주체로 부상했다. 세계의 산업 부가가치에서 아시아 신흥국들이 차지하는 비중은 1991년 11.9%에서 2014년 38.1%로 증가했다(UNCTAD 통계). 또한, OECD(2010년)는 1만 9,500달러 이상 소득을 가진 전 세계 소비자 중 아시아가 차지하는 비중이 2030년경 서구를 앞지를 것으로 예측했다. 그뿐 아니라 최근 인도네시아 등에서 외모를 적극적으로 꾸미는 신세대 남성 '그루밍 (grooming)족'이 부상하는 것처럼, 향후 신흥국들은 세계시장의 소비 트렌드 형성에 중요한 역할을 하게 될 것이다.

그러나 최근 들어 세계화 흐름에 대한 반작용 또한 나타나고 있다. 2008년 글로벌 금융위기 이후 세계 각국은 자국 경제를 회생시키면서 알게 모르게 보호무역의 장벽을 높여 왔다. G20 국가들에서 무역제한조치가 증가하는 추세를 보이고 있으며, 실제로 제품, 서비스, 자금의 세계적인 흐름이 GDP에서 차지하는 비중은 2007년을 정점으로 하락했다. 그리고 2016년의 브렉시트(Brexit)나 미국 대선 결과는 이러한 신보호무역주의의 동향을 극명하게 드러낸 사례라고 할 수 있다. 이는 한국처럼 경제의 대외의존도가 높은 국가들에게는 더 큰 영향을 줄 수 있다.

Chapter.

02절

생산과 소비 혁명의 주요 트렌드

　4차 산업혁명기에는 빅데이터, 인공지능 등 과학기술의 진보로 인해 가상공간과 실제공간을 결합시키는 새로운 플랫폼이 출현할 것이다. 이 플랫폼에서 이전에는 생각지도 못하던 사업 모델들이 생겨나며 생산과 소비가 함께 변화할 것이다. 이를 통해 소비자들은 능동적으로 생산에 관여하며 수요와 공급 간의 상호작용도 더욱 활발해질 것으로 예상된다.

　그 결과 획일적인 대량생산 대신 소비자가 중심이 되는 맞춤형 생산 활동이 늘어날 것으로 기대된다. 기업들은 소비자 개개인의 다양한 요구를 만족시키고 시장과 끊임없이 소통하는 데 더 많은 노력을 기울일 것이다. 이에 따라 제품, 서비스의 혁신 활동에 일반 시민, 소비자들도 적극적인 동반자로 참여하면서 생산·소비 활동이 더욱 풍요로워질 것으로 기대된다.

또한, 과학기술의 발전과 사회·경제·환경의 변화가 맞물리면서 생산과 소비는 큰 변화를 겪을 것이다. 이러한 변화상은 〈그림 2-10〉과 같이 생산과 소비의 '다양화'와 '융합'이라는 두 가지 키워드로 요약할 수 있다.

우선 생산과 소비의 모습이 다양해질 것이다. 미래에는 개인마다 수요가 더욱 다양화되고 시장의 소비 트렌드는 급격하게 변화할 것이다. 이에 맞추어 생산은 신속하고 유연하게 제품과 서비스를 만들어내는 방향으로 진화할 전망이다. 또한, 세계적으로 지속가능성에 대한 우려가 높아지면서 생산은 더욱 환경친화적으로 바뀔 것이다.

〈그림 2-10〉 생산과 소비 혁명의 주요 트렌드

 생산과 소비의 다양화　　 생산과 소비의 영역간 융합

| 개인 맞춤형
생산의 확대 | 소비 트렌드의
급격한 변화 | 생산·소비의
환경친화성 증대 | 제조와
서비스의 결합 | 생산과 소비의
스마트화 | 프로세스의 글로벌
융합과 리쇼어링 |

더불어, 생산과 소비의 영역 간 융합이 두드러질 전망이다. 특히, 제품과 서비스의 융합이 더욱 활발해지고, 인간과 기계의 협업으로 생산·소비가 스마트하게 이루어지며, 생산·소비 네트워크가 세계적 차원으로 확대되어 글로벌 융합도 이루어질 것으로 예상된다.

생산과 소비의 다양화

■ 개인 맞춤형 생산의 확대

기술 발전에 힘입어 개인별 수요에 최적화된 제품과 서비스의 생산이 더욱 확대될 것이다. 과거에는 평균적인 보통 사람들이 좋아할 만한 무난한 제품이 대량으로 생산되었기에 소비자는 제한된 선택 범위 내에서 괜찮은 제품을 구매하는 데 만족해야 했다. 그러나 네트워크 발달로 연결성이 크게 높아지면서, 소비자는 더욱 다양한 브랜드를 접하고 폭넓은 선택을 할 수 있게 되었다. 즉, 생산자와 소비자가 상시적으로 연결되어 아무리 작은 수요도 충족할 수 있게 되는 온디맨드 경제(on-demand economy)가 확대될 것이다.

그리고 미래의 소비자들은 넘쳐나는 선택지 속에서도 혼란을 겪지 않고, 더욱 쉽고 편하게 소비 활동을 할 수 있을 것으로 전망된다. 소비자의 구매 이력, 생활 패턴, 주변인의 선호, 새로운 유행 등의 정보가 자동으로 분석되어, 가장 적합한 상품을 큐레이션(curation)[10] 하여 줄 것이기 때문이다.

또한, 소비자마다 개성 있는 라이프스타일을 추구하고 제품의 감성적 가치를 중시하면서 시장 수요는 더욱 세분화될 것이다. 기능적 가치와 달리 감성적 가치는 개인마다 기준이 주관적이므로 서로 다른 제품과 서비스를 선택하도록 만든다. 소비 수요의 초세분화로 인해 평범한 대량생산 제품에 대한 선호는 더욱 낮아질 것이다. 이와 함께 빅데이터, 사물인터넷, 3D 프린팅 기술 등의 발달은 생산을 유연하게 만들고, 생산·소비를 긴밀하게 연결하며, 개인 맞춤형 생산이 확대되는 계기를 마련해 주었다. 결국 대량생산 개념에 기반한 생산에서 다양한 수요를 폭넓게 충족하는 생산으로 패러다임이 변화하고 있다(《그림 2-11》 참조).

---

10 큐레이션이란 여러 가지 정보를 수집해서 선별한 후 이에 새로운 가치를 부여하여 전파하는 것을 의미한다.

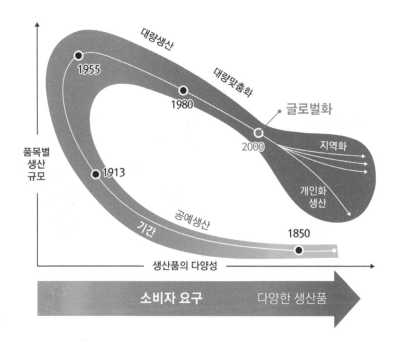

〈그림 2-11〉 시장 및 고객의 요구와 밀접해지는 미래의 생산

출처: Yoram Koren, 『Global Manufacturing Revolution』, Wiley, 2010, 34쪽.

미국의 스타트업(startup) 기업 솔스(SOLS)는 고객이 스마트폰 앱으로 찍어 보낸 발 사진을 받아 맞춤형 깔창을 3D 프린터로 제작하여 배송해 준다. 로컬모터스(Local Motors)는 3D 프린터로 개인 맞춤형 전기자동차를 만들어주는 세계 최초의 기업으로, 고객의 주문을 받아 차량을 새로 디자인하고 제작하는 데 7일 이내의 시간이 소요된다(《그림 2–12〉 참조).

〈그림 2–12〉 소비의 다양화와 개인 맞춤형 생산 확대의 사례

(a) 솔스에서 생산한 신발 깔창   (b) 로컬모터스에서 생산한 자동차

출처: (좌)솔스 홈페이지(www.sols.com), (우)로컬모터스 홈페이지(www.localmotors.com).

과거에 개인 맞춤형 제품은 수작업으로 일일이 제작해야 하므로 큰 비용이 들었다. 하지만 설계와 생산 시스템이 디지털화되고 서로가 연결되어 제품의 구조나 생산방식을 쉽게 변경할 수 있게 되며, 일반 소비자도 저렴한 가격에 개인 맞춤형 생산의 혜택을 누리기 시작하였다. 또한, 3D 프린터는 사람마다 천차만별인 치아 임플란트 같은 제품도 간단하게 제작할 수 있게 해준다. 그 결과, 개인이나 소규모 단체가 3D 프린터나 제조 플랫폼을 활용해서 직접 제품을 생산하는 메이커 활동도 증가하고 있다.

■ 소비 트렌드의 급격한 변화

현대에는 사회와 소비 트렌드가 빠르게 변화하면서 제품과 서비스의 수명주기가 짧아지고 있다. 태블릿 PC의 경우 출시된 지 불과 5년 만에 시장이 감소세로 돌아섰다. 2016년에 세계적인 관심을 불러일으켰던 '포켓몬 고(Pokemon Go)' 게임도 출시된 지 2주일 만에 이용자 수가 감소세로 돌아서고, 앱 스토어 매출 1위 자리도 78일 만에 타 게임에 내주었다.

제품과 서비스의 수명주기 단축에 기술 혁신의 가속화도 한몫하고 있다. 미국 전체 인구의 25%가 전기를 사용하는 데는 40년의 세월이 걸렸고, 전화기도 30년 이상이 걸렸다. 그러나 인터넷이나 스마트폰은 채 10년이 안 되어 인구의 25%까지 확산되었다(〈그림 2-13〉 참조).

〈그림 2-13〉 미국의 신기술 수용 현황

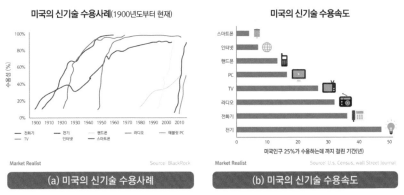

(a) 미국의 신기술 수용사례   (b) 미국의 신기술 수용속도

출처: R. Reider, 『Tech Adoption Rates Have Reached Dizzing Heights』, Market Realist, 2015. 12. 24.

기술 혁신이 빨라지면서 소비자들은 새 제품이 나오면 기존 제품이 충분히 쓸 만한데도 교체하는 현상이 만연하게 되었다. 과거에는 스마트폰의 교체 주기가 2~3년이었지만, 최근에는 새 제품이 나오면 1년 만에 교체하는 사람들도 많아졌다. 또한, 미국에서는 시청자들이 유선방송을 해지하고, 넷플릭스(Netflix) 등의 스트리밍 영상 서비스로 옮겨가는 '코드커팅(Cord Cutting) 현상'이 나타나고 있다.

급변하는 소비 트렌드, 기술 트렌드에 기민하게 대응하는 것은 기업들에게 사활이 걸린 과제가 되고 있다. 이를 위하여 기업들은 신속한 생산 혁신을 추구하고 있다. 유니클로(UNIQLO), 자라(ZARA) 등은 의류의 기획부터 판매까지의 전 과정을 주관하는 스파(Specialty store retailer of Private label Apparel, SPA)[11] 사업 모델을 통해 리드 타임(lead time)[12]을 9개월에서 2주 수준으로 단축하였다. 이로써 소비자들의 쉴 새 없는 수요 변화를 신속히 충족하며 성장할 수 있었던 것이다.

트렌드 변화가 더욱 빨라질 미래에는 기업의 혁신을 가속화하기 위한 방법들이 다각적으로 도입될 것으로 전망된다. 현재에도 기존의 기술들을 조합하여 혁신을 창출하거나, 프로젝트를 효율적으로 분해해서 병렬 추진하는 등의 방법들이 이용되고 있다. 기업들은 시

....

11 스파(SPA)는 단일 업체가 의류의 기획, 생산, 유통을 통합적으로 수행하여 효율을 높이는 방식으로, 현장의 소비자 수요를 신속히 충족하고 재고를 줄일 수 있다는 장점이 있다.

12 '리드 타임'이란 상품의 주문에서 인도까지 소요되는 시간을 가리키는 말이다.

장에 기민하게 대응하기 위해, 의사 결정 권한을 더욱 분산하고 고객 소통을 강화하도록 조직을 개선해 갈 것이다. 기업 내에서도 관행이나 기밀 유지 등의 이유로 분절되어 있던 시스템을 통합하여 고객, 생산 현장 등의 데이터와 정보가 장벽 없이 흐르도록 하는 조직 혁신이 낳아질 것으로 예상된다.

■ 생산·소비의 환경친화성 증대

미래에 생산과 소비를 지속적으로 유지하기 위하여 환경친화적 생산이 중시될 것이다. 기존에는 원료나 원자재가 자연에서 수취되어 제조 과정을 거쳐 제품으로 변환되고, 소비된 이후 폐기되었다. 이때 한번 폐기된 원료, 원자재는 다시 사용되기 힘들었다. 그러나 원자재 가격이 오르고 수급의 안정성이 낮아지면서 전통 방식의 생산·소비는 지속하기 어려워져 가고 있다. 게다가 2030년이 되면 약 30억 명에 달하는 개발도상국의 소비자가 중산층에 진입할 것으로 전망된다. 이 같은 신규 수요의 거대한 유입은 인류가 여태껏 경험하지 못한 수준으로, 인류 전체의 수요를 충족하도록 제품 재료의 공급을 확대하려면 많은 어려움이 따를 것으로 예상된다.

이러한 변화에 대처하기 위해 환경친화적 생산과 소비를 위한 노력이 확산되고 있다. 미국의 반도체 기업 인텔(Intel Corporation)이 운영하는 반도체 공장 팹32(Fab 32)는 자연채광과 태양에너지를 활용하고 공장 운영을 최적화하여, 에너지 사용을 절감하고 온실가스 배출을 15% 줄였다. 또한, 사용한 물을 70%나 저장하여 재사용할 수 있도록 하는 등 자원 이용의 효율성을 극대화하였다. 글로벌 의류업체 H&M 은 고객이 입지 않는 옷을 가져오면 고객에게 신상품 할인권을 지급하는 회수 프로그램을 선보인 바 있다. 회수된 의류는 역물류(reverse logistics)[13] 기업과 협업해 세계시장에서 중고의류로 재활용되고, 더 이상 입을 수 없는 옷은 청소용 직물, 진동 흡수재, 단열재 등으로 이용된다. 이와 같이 수명이 다한 자재와 부품을 여러 용도로 여러 산업에서 여러 번 재활용하는 것을 '폭포수 방식(cascaded use)'이라 부른다.

이와 같은 움직임이 제대로 이루어지기 위해서는 공공 규제와 소비자 의식의 개선이 함께 이루어져야 한다. 근대 이후의 사회는 자연환경을 마치 공짜인 것처럼 남용해 왔다. 그러나 미래에는 자연환경의 이용에 적정한 가격이 부과되고 여기서 얻어진 수익을 다시 자연환경 관리에 이용하려는 움직임이 생겨날 것이다. 우리나라에서도 2016년 5월 '자원순환기본법'이 제정되어 2018년 1월 시행될 예정이다. 이 법안에는 자원 순환 성과관리 제도, 자원 순환 인정 제도, 폐기물 처분 부담금 제도 등의 내용이 담겨 있다. 그리고 소비자 사

....

13 '원료-부품-제품-서비스-소비자'로 향하는 전통적인 물류의 흐름에 역행하여 원료를 재사용, 재제조, 재활용할 때 발생하는 물류의 흐름을 의미한다.

이에 '죄책감 없는 소비' 같은 움직임도 활발해질 것이다.[14] 아울러 소비자들이 생산품과 생산과정에 대해 폭넓은 정보를 얻게 되면서, 생산자의 환경윤리 준수를 강제할 힘을 갖게 될 것이다.

생산과 소비의 영역 간 융합

■ 제조와 서비스의 결합

지능정보기술을 통해 제품과 서비스를 결합해 제공하여 고도화된 부가가치를 창출하는 트렌드는 미래에 더욱 심화될 것이다. 최근 기업들은 최종 생산품의 판매 후에도 유지·개선·재활용 등의 서비스를 제공하며, 가치사슬 전체를 지능적으로 관리하는 것에 많은 관심을 갖는다. 완성차 업계에서는 텔레매틱스(telematics)를 통해 차량 판매 후에도 고객과 지속적으로 소통하며 서비스를 제공하는 것이 일반화되는 추세이다. 온도조절기를 기반으로 가정 내 가전제품과 조

---

14 '죄책감 없는 소비(guilt-free consumption)'란 신체적 비만, 개발도상국 노동자들의 인권, 지구환경 등에 대한 부정적 영향을 고민할 필요가 없는 제품을 선택해서 소비하는 것을 말한다.

명을 제어해 최적의 생활환경을 제공하는 네스트(Nest), 데이터 분석을 활용하여 엔진 관리 서비스를 제공하는 GE, 정수기 제품 판매에 렌털(rental) 개념을 적극적으로 도입한 웅진코웨이도 제품과 서비스의 융합 사례라 볼 수 있다.

제조의 서비스화가 강조되는 것은 기존의 전문성을 새로운 방식으로 활용해 더욱 높은 가치를 창출할 수 있기 때문이다. 전통적 제조기업도 서비스화를 통해 시장에서 차별화된 위치를 차지할 수 있다.

우선, 제조와 서비스의 결합을 통하여 소비자 중심의 시스템을 구축하고 가치를 제공할 수 있게 된다. GE는 산업인터넷(industrial internet)을 통해 엔진·기계 등의 제품을 유지·관리·컨설팅·금융 등의 통합 서비스 패키지와 결합하여 제공한다. 제품 진단 서비스와 분석 솔루션을 결합한 GE의 산업인터넷은 제품, 사용자, 비즈니스를 연결하며 고객사의 시스템 운영을 최적화해 준다(〈그림 2-14〉의 (a) 참조).

〈그림 2-14〉 제조와 서비스 분야의 결합 사례

(a) GE의 항공기 엔진   (b) 솔라시티의 태양광 패널

출처: (좌)셔터스톡(https://www.shutterstock.com/), (우)플리커(https://www.flickr.com/).

또한, 생산자는 고객과 지속적인 관계를 유지하며 자신의 제품을 계속 이용하도록 유도할 수 있다. 이는 소비 부문에서 제품 자체를 구입해 소유하기보다, 제품 사용권을 구입하여 접속하는 형태가 선호되는 현상과도 맞닿아 있다. 공유경제(sharing economy)의 성장에서 볼 수 있듯이, 소비자들은 자산을 직접 소유하지 않고도 원하는 때에 필요한 만큼만 이용하는 것을 점점 더 선호하고 있다.

기술 발달로 고객의 사용량을 정확히 측정할 수 있게 됨에 따라 일회성 판매 대신 사용량 기반 계약(pay-as-you-go) 서비스[15]가 활성화될 것이다. 사용자는 제품을 구매, 소유하는 대신 서비스 접근과 이용 권한을 구매함으로써 초기 비용은 크게 낮추고 유지·관리의 부담에서 벗어날 수 있게 된다. 미국의 태양광발전 설비 업체 솔라시티(SolarCity)는 태양광 패널의 판매 대신 주택에 설치한 패널에서 생산된 전기를 해당 가정에 서렴하게 판매하는 사업을 벌여 급성장을 이루었다(〈그림 2-14〉의 (b) 참조).

---

15 '사용량 기반 계약'은 자원을 사용량에 따라 과금하는 형태의 계약을 의미한다. 마이크로 소프트(Microsoft)의 오피스 프로그램도 과거에는 패키지 판매 방식이었지만, 지금은 1년 단위 서비스 계약(오피스 365) 방식으로 많이 판매된다.

■ 생산과 소비의 스마트화

미래에는 자동화 기술과 정보 공유를 통해 스마트한 생산·소비가 확산될 것이다. 스마트 시대의 소비자들은 '언제, 어디서나, 어떤 기기에서나' 제품과 서비스를 이용·구매하고 기업과 소통하기를 기대할 것이다. 시장의 이러한 요구 사항에 따라, 인간과 기계의 협업을 통해 생산과 소비가 더욱 스마트해지는 방향으로 발전해 갈 것이다.

미래의 스마트 소비자는 디지털 및 모바일, 나아가 가상현실 기술로 무장하고, 오프라인, 온라인, 모바일, 가상현실, 증강현실 등 전 방위에 걸친 채널에서 자신에게 꼭 맞는 제품과 서비스를 찾아내 구매할 것이다. 또한, 소비자는 소셜 미디어나 가격 비교 사이트에서 실시간으로 정보를 공유하며 가장 저렴한 구매 조건을 찾아낼 것이다. 이때 제품에 대해 기능, 성능, 품질, 가격, 사후 관리 등 기본적 정보뿐만 아니라, 환경 및 노동 윤리의 준수 여부도 챙겨서 확인하는 사람들이 늘어날 것으로 보인다. 즉, 미래의 소비자들은 '똑똑한 소비자'를 의미하는 '스마트슈머(smartsumer)'를 넘어서, 전문 엔지니어 못지않은 지식을 갖춘 '컨슈니어(consuneer)'[16]로까지 진화할 것이다.

....

16 스마트슈머는 똑똑한(smart)과 소비자(consumer)의 합성어로서 똑똑한 소비자를 가리키는 말이고, 컨슈니어는 소비자(consumer)와 기술자(engineer)를 결합한 신조어로서 전문가 못지않은 지식을 가지고 제품의 성분과 기술력 등을 꼼꼼히 따지는 소비자를 가리키는 말이다.

이처럼 똑똑해지는 소비자의 요구에 대응하기 위해 미래의 생산 또한 단순히 공급 주도적 관점에서 생산요소를 투입, 가공하는 구조에서 벗어나, 수요 데이터를 관측, 활용하며 프로세스를 탄력적으로 조정하는 스마트한 형태로 진화할 것이다. 기계 설비나 소재·부품에 센서와 메모리가 부착되어 생산과정이 자가진단되고 최적화될 것이다. 사물인터넷으로 제품의 모든 생애주기를 추적할 수 있게 됨에 따라, 사이버-물리 시스템에 의한 생애주기별 제품 관리가 가능해질 것이다. 제품의 성능을 향상시키는 동시에 가격을 하락시킬 수 있다는 장점으로 인해, 스마트 생산은 더욱 폭발적으로 보급될 것이라 예상된다.

인간과 기계의 지능형 협업이 일반화되는 미래에는, 제품과 프로세스의 기획·설계 단계부터 시뮬레이션이 적용되어 제작 기간을 단축하며 맞춤형 제품을 개발할 수 있게 될 것이다. 설비-자재-시스템 간 연결, 원자재-반제품-제품 간 연결성이 증대되고 전체 과정이 최적화될 것이다. 그리고 서비스 영역에서는 데이터를 분석하여 유용한 정보를 생산하고 의사 결정을 지원할 것이다. 결과적으로 생산의 각 단계가 유기적으로 연계되고 상황에 따라 유연하게 조정됨으로써 효율을 높이고 개인 맞춤형 생산의 확산에 기여할 것이다. 독일의 부엌가구 제조업체 노빌리아(Nobilia)는 현재 확인되는 사례 중의 하나이다. 노빌리아는 바코드를 부착한 자재·부품들의 데이터를 실시간으로 송수신해서 대부분의 공정을 자동으로 수행한다. 이를 통해 2,500명의 직원이 특별 주문 가구를 매일 2,600세트씩 생산하고 있다.

또한, 미래에는 위탁 제조 전문기업의 도움으로 스타트업 기업의 시제품 제작, 대기업의 제조 부문 아웃소싱(outsourcing)으로 인한 수요에 따라 유연한 생산이 더욱 확대될 것이다. 이 과정에서 지능정보기술은 제품 생산의 기획, 개발, 설계, 제조, 유통, 판매의 모든 단계에서 인간이 수행하는 작업을 도와주며 효율성과 유연성을 높여줄 것이다. 그리고 법률·의료·교육·유통 등의 서비스 영역에서도 빅데이터의 관리, 분석과 함께 전문적 질의에 대한 응답과 컨설팅에 활용될 것이다.

■ 프로세스의 글로벌 융합과 리쇼어링

생산 시스템이 세계적으로 분산되는 가운데, 긴밀한 상호작용을 통해 자원과 역량을 공유하며 생산이 최적화되어 이루어질 것이다. 생산 자원과 인력을 확보하고 소비시장에 밀착 대응하기 위해, 생산 시스템의 확장은 국가 간 경계를 넘어서 일어나고 있다. 세계 각국과 기업들은 글로벌 가치사슬에서 고부가가치 영역을 확보하기 위해 경쟁하는 한편, 각자의 강점을 갖고 글로벌 차원의 기업 네트워크를 형성하게 될 것이다.

애플의 아이폰은 현재도 세계적으로 분산된 생산 프로세스를 활용하고 있다. 일본에서 재팬디스플레이(Japan Display Corporation)와 샤프(Sharp Corporation)가 디스플레이를, 대만에서 TSMC(Taiwan Semi-conductor Manufacturing Company)와 진테크가 터치ID 센서를, 한국에서 삼성이 배터리와 플래시메모리(flash memory)를 생산하는 등 세계 각지의 200여 개 공급업체가 부품을 생산한다. 최종 조립은 인건비가 저렴한 중국에서 이루어진다. 이러한 방식을 통해 생산을 유연하게 운영할 수 있으며, 미국의 애플 본사는 소프트웨어, 디자인, 마케팅에 집중할 수 있게 되었다.

미래에는 애플처럼 기업들이 수평적 네트워크를 이루어 협력하는 방식이 더욱 확산될 것이다. 개별 가치사슬별로 전문성을 갖는 기업들이 외부에 얼마든지 존재하고, 지능정보기술의 발전은 이들과의 거래 비용을 크게 줄여줄 것이기 때문이다. 결국, 미래에는 기업들에게 자체 경쟁력의 강화 못지않게 우수한 파트너 기업을 발굴하고 긴밀하게 협력하는 것이 중요해질 것이다. 그리고 ICT가 발달하면서, 파트너 기업의 선택은 글로벌 네트워크를 활용하여 이루어질 것이다.

그러나 다른 한편으로 선진국을 중심으로 일부 제조 시설을 본국에 재배치하는 리쇼어링(reshoring)이 일어나고 있다. 이는 기술 발전이나 신흥국의 인건비 상승뿐 아니라 신호보무역주의의 등장에도 원인이 있다. 2017년 출범한 미국의 새로운 행정부는 자국 시장에서 활동하는 기업들이 자국 내에 제조 시설을 두어야 함을 강력하게 요구하고 있다.

Chapter.

03절

미래 생산과 소비의 혁신 사례

앞서 소개된 생산과 소비 혁명의 변화 트렌드는 결국 맞춤, 신속, 환경, 융합, 지능, 연결의 6개 키워드로 정리될 수 있다. 이러한 트렌드는 이미 어느 정도 가시화되어 나타나고 있다. 미래에는 생산과 소비 간, 산업 분야 간에 융합이 활발해지고 경계가 희미해질 것임에도, 미래의 이미지를 더욱 구체적으로 그려보기 위해 이러한 사례들을 분야별로 선별해 살펴보는 것은 분명 의미 있는 일이 될 것이다.

우선 생산·소비의 변화 사례를 살펴볼 분야를 설정하기 위해, 세계경제포럼(WEF) 보고서, 국제경영개발원(International Institute for Management Development, IMD)[17] 보고서 등 국내외 문헌들을 참고했다. 이를 바탕으로 전문가 논의를 거쳐 ① 자동차, ② 교통, ③ 에너지, ④ 의료, ⑤ 소매, ⑥ 지식서비스, ⑦ 식량, ⑧ 자원으로 구분해 보았다.

그리고 이 8개 분야 전문가들이 참여하는 워크숍을 개최하여, 미래 생산과 소비의 구체적인 혁신 사례들을 도출하고 그로 인한 영향을 예측했다. 그 결과는 다음과 같으며 86쪽의 〈그림 2-15〉에도 요약되어 있다.

① 자동차: 스마트카

여러 가지 센서, 네트워크, 전자장치로 무장하고 다른 차량, 인프라와 긴밀하게 연결된 스마트카(smart car)가 확산될 것이다. 미래에는 자율적 정비, 기능 업그레이드, 사고처리 기능도 부가될 것이며, 궁극적으로는 자율주행자동차의 도입도 이루어질 것으로 예상된다. 그리고 운전자 등 탑승자 전원에게 이동이 편안하고 즐거운 경험이 될수 있도록, 차내 엔터테인먼트, 인근 맛집 및 관광지의 자동 안내 등의 서비스가 결합되어 제공될 것이다.

---

17 스위스 로잔에 위치한 경영대학원으로 1980년부터 해마다 세계 각국의 국가 경쟁력을 종합 평가하여 순위를 매기고 있다. 매년 발표되는 세계경쟁력 보고서는 객관적인 평가와 정확성으로 국제적인 권위를 인정받고 있다.

② 교통: 협업형 지능정보 교통체계

차량과 인프라 간, 차량과 차량 간 통신으로 안전하고 편리한 주행을 지원하는 협업형 지능정보 교통체계가 구현될 전망이다. 이러한 시스템은 위성항법장치(global positioning system, GPS)[18], 날씨, 노면 등의 교통 환경 정보, 차량 주행 정보를 실시간으로 분석함으로써 원활한 교통 흐름을 만들어줄 것이다. 무공해 태양에너지, 도로의 진동, 도로변 풍력이나 빗물 등을 이용한 도로발전소에서 전력을 생산하고 스마트 그리드(smart grid)[19]와 연계함으로써, 교통 분야 에너지 소비가 감소할 것으로 전망된다.

③ 에너지: 에너지 프로슈머

소비자가 태양광, 풍력 등 신재생에너지를 이용해 전력을 직접 생산하여 사용하고, 여유분을 통합 플랫폼을 통해 판매하는 에너지 프로슈머(energy prosumer)가 늘어날 것이다. 소비자는 에너지를 일방적으로 공급받고 요금을 납부하는 수동적 위치에서 벗어나 생산 시

---

18 비행기·선박·자동차뿐만 아니라 세계 어느 곳에서든지 인공위성을 이용하여 자신의 위치를 정확히 알 수 있는 시스템.

19 스마트와 그리드의 합성어로, 말 그대로 지능형 전력망을 뜻하는 차세대 에너지 신기술. 에너지 네트워크에 정보통신 네트워크를 접목하여, 전력 공급자와 소비자가 실시간으로 전기사용 관련 정보를 주고받음으로써 에너지 사용을 최적화할 수 있는 차세대 전력망이다.

장에 적극적으로 참여할 것이다. 에너지 공급망이 중앙공급형에서 분산거래형으로 전환되면서 전력 송배전 손실이 줄어들고 친환경 에너지의 이용이 확대될 전망이다.

④ 의료: 스마트 맞춤형 헬스케어

개인의 체질과 특성에 따라 건강을 관리해 주는 스마트 맞춤형 헬스케어가 활성화될 것으로 기대된다. 갈수록 스마트화·정보화되는 헬스케어 기기는 개인의 체질 정보에 따라 시간과 장소의 제약 없이 건강관리가 가능해지도록 도울 것이다. 그 결과 모든 개인이 자신만의 주치의로부터 건강관리를 받을 수 있게 될 것이다.

⑤ 소매: 개인 간 직거래 시장

개인 생산자와 소비자를 연결하는 개인 간(P2P) 직거래 시장이 부상할 전망이다. 향후 제작 플랫폼, 아이디어 공유 플랫폼, 거래 플랫폼이 확대되며 개인 간 직거래 시장은 더욱 활발해질 것이다. 이를 통해 개인마다 특화된 수요와 이를 충족시켜줄 개인 생산자들의 역량이 서로 연계되면서 사회 전체의 효용이 크게 증가할 것이다.

⑥ 지식서비스: 인공지능 노동자

지능정보기술이 생산과 소비 전반에 활용되어 전문직 근로자를 지원하며 협업하게 될 것으로 예상된다. 지능정보기술은 분야별로 특화된 전문 지식을 과업이나 상황에 맞추어 인간 노동자에 제공할 것이다. 그 결과 지능정보기술에 기반한 알고리즘에 의해 명확한 정답이 존재하는 영역의 의사 결정이 이루어지고, 인간 노동자는 보다 가치 지향적인 영역의 의사 결정에 집중하는 사회로 진화할 것이다.

⑦ 식량: 식물공장

생육 환경을 제어하며 작물 생산을 최적화한 식물공장(plant factory)이 소비시장과 근접한 도시 내 곳곳에 생겨날 수 있다. 생산에서 물, 배양액, 에너지를 재이용하여 자원 소모와 온실가스 발생을 최소화할 수 있다. 그리고 식물공장은 작물을 단위면적당 높은 밀도로 연중 생산할 수 있으며, 도시 공간에서 자연생태 공간으로서도 기능할 것으로 기대된다.

⑧ 자원: 도시광산

도시에서 발생하는 폐기물로부터 희유금속 등 유용 자원을 회수하는 도시광산(urban mining)이 형성될 것으로 예상된다. 도시광산을 통해 과거에는 폐기물로 취급되던 부산물들로부터 광물자원을 추출할 수 있게 되어 생산·소비가 더욱 친환경적으로 변모할 것이다. 나아가 생산·소비 시스템 전체에 걸친 자원과 제품의 흐름을 모니터링하고 이용을 최적화하는 시스템으로까지 발전할 것이다.

<그림 2-15> 미래 생산과 소비의 혁신 사례

생산과 소비의 다양화

맞춤
개인 맞춤형
생산의 확대

신속
소비 교체의
사이클 단축

환경
생산·소비의
환경친화성 증대

생산과 소비의 영역간 융합

융합
제조와
서비스의 결합

지능
생산과 소비의
스마트화

연결
프로세스의 글로벌
융합과 리쇼어링

미래 생산소비 혁신의 대표 사례

자동차 스마트카

차량 스스로 주행 효율화,
유지관리 등 수행

선택적 서비스 판매로
차량기능 업그레이드

교통 협업형 지능정보 교통체계

운영 최적화로 에너지
절약, 도로에서 전력생산

실시간 분석과 차량 간
협업으로 교통흐름 원활화

에너지 에너지 프로슈머

개인용 전력생산 제품에
운영·유지 서비스 결합

에너지 중앙공급에서
스마트그리드 수급으로 전환

의료 스마트 맞춤형 헬스케어

개인 체질과 특성에 따른
건강관리 구현

실시간 신체정보에 기반,
신속한 건강관리 실현

소매 개인간 직거래 시장

전 세계 개인 생산자와
소비자 간 직거래 활성화

특수한 개인수요와
생산자의 연계로 맞춤생산

지식서비스 인공지능 노동자

인간 노동자가 필요로 하는
특화된 전문지식 제공

맞춤 정보를 신속하게
추출하여 지원

식량 식물공장

자연생태공간 조성,
유해물질 배출저감

작물특성별 생육조건을
제어한 생산

자원 도시광산

폐기물에서 광물자원을
회수하여 재활용

도시 자원흐름 분석으로
자원활용 효율성 극대화

10년 후
대한민국
미래전략
보고서

제 3 장

생산·소비 변화의
흐름 속에서
우리의 위치

Chapter.

01절

우리의 현주소

2000년대부터 우리나라에서는 기존의 성공 공식이던 추격자 전략에서 벗어나 선도자 전략으로 옮겨가야 한다는 주장이 강하게 제기되어 왔다. 근래 들어 경제 성장을 견인해 온 주력 산업이 주춤거리는 모습을 보임에 따라 성장 방식의 일대 전환을 요구하는 목소리가 더욱 높아지고 있다. 게다가 한국개발연구원(KDI)은 10년 후인 2026년에 우리나라의 잠재성장률이 1%대로 추락할 것이라는 비관적인 전망을 내놓았다. 이마저도 노동, 자본 등 생산요소를 최대한 가동한다는

전제에 기초한 전망이므로 실제로는 더 낮아질 가능성이 크다.[20]

4차 산업혁명이라는 문명사적 변화에서 한 번 뒤처지면 2~3년 후에는 변화의 흐름에 합류할 기회마저 없을 것이라는 우려가 제기된다. 이러한 측면에서 볼 때, 현실로 다가온 생산과 소비 혁명의 파도 앞에 우리가 서 있는 위치와 우리의 준비 정도를 점검해 보는 것은 큰 의미를 갖는다.

▪ 4차 산업혁명 관련 한국의 준비 정도

스위스글로벌금융그룹(Union Bank Switzerland, UBS)이 2016년 다보스포럼(Davos Forum)을 준비하며 「자동화와 연결성의 극단: 4차 산업혁명의 국제적, 지역적, 투자의 함의」라는 보고서를 선보였다. 이에 따르면, 우리나라의 4차 산업혁명 준비 정도는 25위로 평가되었다. 스위스, 싱가포르, 네덜란드, 핀란드가 1~4위에 올랐고, 미국은 5위, 일본은 12위, 독일은 13위였다. 중국은 우리나라보다 약간 뒤진 28위로 나타났다(〈그림 3-1〉 참조).

---

20 현대경제연구원은 중립적 시나리오의 경우 잠재성장률은 2021~2025년 2.3%, 2026~2030년 2.0%로 하락할 것으로 전망하였다. (출처: 현대경제연구원, 「국내 잠재성장률 추이 및 전망」, 경제주평 16-03(통권 676호), 2016. 1. 22.)

〈그림 3-1〉 국가별 4차 산업혁명 준비 정도 평가 결과(UBS)

순위	국가	순위	국가
1	스위스	11	스웨덴
2	싱가포르	12	일본
3	네덜란드	13	독일
4	핀란드	14	아일랜드
5	미국	15	캐나다
6	영국	16	대만
7	홍콩	…	…
8	노르웨이	25	한국
9	덴마크	…	…
10	뉴질랜드	28	중국

출처: B. Baweja 외, 「Extreme automation and connectivity: The global, regional, and investment implications of the Fourth Industrial Revolution」, 「UBS White paper for World Economic Forum」, 2016. 1., 23쪽.

이처럼 우리나라가 4차 산업혁명에 대한 준비에서 뒤처진 이유를 파악하려면 UBS의 평가 항목들을 좀 더 세부적으로 살펴볼 필요가 있다. 우리나라는 기술숙련도(23위), 혁신수준(19위), 사회인프라(20위) 항목에서 상대적으로 양호한 평가를 받았으나, 노동시장 유연성(83위)과 법적 보호(62위) 항목에서 취약성을 드러내고 있다(〈그림 3-2〉 참조).

〈그림 3-2〉 한국의 4차 산업혁명 준비 정도 항목별 순위

출처: B. Baweja 외, 「Extreme automation and connectivity: The global, regional, and investment implications of the Fourth Industrial Revolution」, 「UBS White paper for World Economic Forum」, 2016. 1., 23쪽.

■ 세계적 시스템 변화 속에 한국의 산업구조 변화는 미진

새로운 형태의 글로벌 경제 전쟁에서 살아남으려면, 급변하는 생산·소비의 트렌드에 맞추어 국가와 산업 시스템의 대대적인 전환을 도모해야 한다. 미래의 소비자들은 많은 정보를 바탕으로 더 나은 제품과 서비스를 최적의 조건으로 구입하려 할 것이다. 그리고 기존 기업들은 모호해진 산업 간 경계에서 탄생한 새로운 이종 경쟁자들을 상대하게 될 것이다. 현재에도 아마존, 구글 등은 지능정보기술 분야에서 축적된 인력과 노하우를 바탕으로 물류, 의료, 인공지능, 자동차 등 영역의 기존 사업자들을 위협하고 있다.

그러나 우리나라에서 산업구조가 획기적으로 전환하는 모습은 아직 뚜렷이 나타나지 않고 있다. LG경제연구원에 의하면, 한국의 산업구조변화지수(11개 산업 분류 기준)[21]는 1970년대 1.48, 1980년대 0.90, 1990년대 0.73, 2000년대 0.48로 낮아지더니, 2010년대에는 0.40으로까지 떨어졌다(〈그림 3-3〉 참조).

〈그림 3-3〉 우리나라 산업구조변화지수의 변화

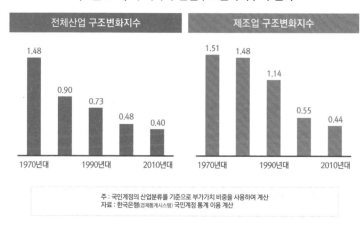

주 : 국민계정의 산업분류를 기준으로 부가가치 비중을 사용하여 계산
자료 : 한국은행(경제통계시스템) 국민계정 통계 이용 계산

출처: 이한득, 「한국의 산업구조 변화 속도 줄고 집중도는 증가」, LG경제연구원, 2016. 5., 4쪽.

....

21 산업구조변화지수는 일정 기간 동안 특정 산업의 확장과 축소를 포함한 산업구조 전체의 변화를 합산하여 측정하며 다음의 식으로 계산된다. (출처: 이한득, 「한국의 산업구조 변화 속도 줄고 집중도는 증가」, LG경제연구원)

$$\sigma = \frac{\sqrt{\sum_{i=1}^{n}(w_i^{t2} - w_i^{t1})^2}}{T}$$, w_i: i산업의 비중, T: 기간

제조업 분야(13개 세부 업종 기준)의 산업구조변화지수도 1990년대까지는 1 이상이었으나, 2000년대에는 0.55로 낮아졌다. 이는 세계적인 지각변동의 와중에도 우리나라의 산업구조 변화는 오히려 둔화되고 있다는 것을 의미한다.

■ 기존 주력 산업에 대한 높은 의존도

그러면서 특정 산업에 대한 의존성은 높게 나타난다. LG경제연구원에서 40개 국가를 대상으로 허쉬만-허핀달 지수(Hirschman-Herfindahl index)[22]로 14개 산업의 부가가치 집중도를 계산한 결과 우리나라는 40개 대상국 중 세 번째로 높았다. 또한, 제조업 분야의 부가가치 집중도는 28개 대상국 중 여덟 번째였다. 제조업 총생산액에서 10% 넘게 차지하는 업종의 수는 총 5개였는데, 일본(3개)과 미국(2개), 독일(2개)에 비해 높게 나타나는 수치이다.

....

22 시장 내에서 특정 주체가 갖는 집중도를 파악하여 시장의 경쟁도를 평가하기 위한 지수이다.

[표 3-1] 제조업 총생산에서 차지하는 품목별 비중

순위	한국	일본	미국	독일	프랑스	영국
1위	ICT (22.2%)	자동차 (16.1%)	화학 (12.3%)	자동차 (18.5%)	화학 (12.7%)	자동차 (10.9%)
2위	자동차 (11.5%)	ICT (15.7%)	석유정제 (10.9%)	기계류 (15.2%)	기계 (9.0%)	석유정제 (9.8%)
3위	화학 (11.5%)	기계 (10.4%)	ICT (9.5%)	화학 (9.8%)	석유정제 (7.9%)	기계 (9.6%)
4위	1차 금속 (10.6%)	화학 (9.1%)	자동차 (8.2%)	ICT (9.6%)	자동차 (7.8%)	화학 (9.4%)
5위	석유정제 (10.3%)	기계류 (8.3%)	인쇄·출판 (8.0%)	금속가공 (7.0%)	ICT (7.5%)	금속가공 (6.6%)

*2011~2014년 단순평균 기준, 일본은 2006~2012년 기준.
*음영은 제조업 총생산에서 비중이 10%를 넘는 품목.

출처: 이은민, 「4차 산업혁명과 산업구조의 변화」, 『정보통신방송정책』, 제28권 15호, 정보통신정책연구원, 2016. 8. 16., 10쪽.

이처럼 기존 주력 산업에 계속적으로 의존할 수밖에 없는 이유는 혁신을 독자적으로 창출할 수 있는 능력이 부족하고, 기존의 추격형 전략을 답습하고 있기 때문인 것으로 해석된다. 그리고 대기업 중심의 수직 계열 구조가 주류를 이루는 현재의 산업구조상 새로운 기술 혁신형 기업의 창업과 성장은 어려움이 많을 수밖에 없다는 점이 지적된다. 분야 간, 조직 간 화학적 융합이 드문 것 또한 한계점이다.

■ 수출과 제조업 중심의 산업구조

이 같은 산업구조는 우리나라가 그동안 수출과 제조업 분야를 중심으로 성장해 왔다는 것을 방증하기도 한다. 한국 GDP의 50% 이상이 수출로 채워지나, 세계 경제가 저성장을 보이고 주력 분야에서 신흥국들의 도전이 거세어지면서 수출 위주의 성장은 어려워지고 있다. 우리 경제를 지탱하는 10대 주력산업[23]은 2014년 기준으로 수출의 73.6%를 차지하는데 반도체를 제외하고는 전망이 밝다고 할 수 없다(〈그림 3-4〉 참조).

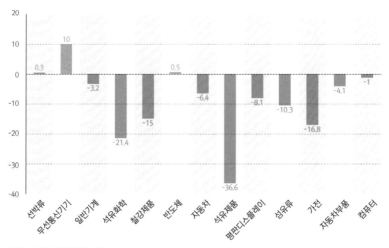

〈그림 3-4〉 2015년도 한국 13대 품목의 수출 증가율(%, 전년 대비)

출처: 산업통상자원부, 2016.

....

23 자동차, 자동차 부품, 조선, 일반기계, 철강, 석유화학, 정유, 휴대폰, 디스플레이, 반도체.

중국은 가전, 휴대폰 등에서 가격 대비 우수한 성능으로 시장에서 입지를 넓히고 있다. 그리고 중국이 철강, 석유화학, 디스플레이 등에서 괄목할 만한 기술 발전을 이루며, 우리나라가 갖던 기술적 우위가 희미해지고 있다. 심지어 일부 분야는 벌써 뒤처지기 시작했다는 관측도 나타나고 있다.

이에 우리나라는 그동안 미진했던 내수와 서비스 분야의 진작을 모색하고 있다. 그러나 고용 불안, 가계 부채 등의 악재로 이마저도 녹록지 않은 상황이다. 서비스 분야는 제조업에 비해 45% 정도에 불과한 생산성을 보이며 확실한 성장 동력으로 자리매김하지 못하고 있다. 여기에는 서비스 분야의 상당 부분을 차지하는 중소기업이 대기업에 비해 생산성이 낮다는 점, 서비스 분야에 더 많은 규제가 가해지는 점 등이 원인으로 지적되고 있다.

■ 미래 신산업 분야의 높은 성장세는 긍정적 신호

그럼에도 불구하고 긍정적인 신호 또한 적지 않다. 미래 신산업 분야에서 높은 성장세가 나타나고 있기 때문이다. 현대경제연구원이 6개국을 대상으로 4차 산업혁명 관련 산업 분야들의 성장 현황을 조사한 결과,[24] 우리나라는 2006~2015년 사이 소프트웨어 및 서비스, 제약 및 생명공학, 반도체 및 반도체 장비 부문의 시가총액 증가율이 전체 시가총액 증가율을 크게 상회하는 것으로 나타났다. 또한, 자본재, 기술적 하드웨어 및 장비 부문도 중국을 제외한 다른 주요국들보다 높은 성장세를 보이고 있었다([표 3-2] 참조).

[표 3-2] 주요국 4차 산업혁명 관련 산업 분야 시가총액 연평균 증가율(2006~2015년)

단위: %

구분	한국	독일	일본	미국	중국
자본재	15.3	4.1	1.7	5.2	36.3
제약 및 생명공학	29.5	22.8	4.4	11.5	33.2
반도체 및 반도체 장비	24.8	4.4	-2.8	2.6	38.7
소프트웨어 및 서비스	37.2	6.0	1.3	13.0	44.8
기술적 하드웨어 및 장비	11.4	-0.7	0.5	8.9	33.4
통신서비스	3.6	1.6	4.4	10.8	10.0
전체 시가총액 증가율	14.6	9.2	-0.1	2.4	32.4

출처: 주원, 정민, 「4차 산업혁명의 등장과 시사점」, 『경제주평』 16-32(통권 705호), 현대경제연구원, 2016. 8., 8쪽.

....

24 현대경제연구원은 모건스탠리캐피털인터내셔널과 S&P가 개발한 글로벌산업분류기준 (Global Industry Classification Standard, GICS)을 적용하여 대상 국가 주식시장 상장 기업 13,762개를 대상으로 조사를 수행했다.

■ 미래 생산·소비의 밑바탕이 될 우수한 디지털 인프라

또한, 우리나라는 세계적으로 인정받는 우수한 디지털 인프라 보유국이다. 우리나라는 국제전기통신연합(International Telecommunication Union, ITU) ICT발전지수(ICT development index, IDI) 평가에서 2015년, 2016년 2년 연속으로 접근·사용·역량의 모든 항목에서 우수한 성적을 받으며 1위를 차지했다. 그리고 디지털 인프라에 대한 그 밖의 국제적인 평가들에서도 높은 순위를 받고 있다. 우리나라는 3G, LTE 등의 기술을 일찍 도입했으며, 사물인터넷을 선도하고 있는 것으로 평가된다. 그리고 대다수의 기업과 가구, 개인이 인터넷과 모바일의 혜택을 마치 수도나 전기처럼 일상적으로 누리고 있다.

이러한 디지털 인프라는 미래 생산과 소비에 있어 굳건한 기반이 될 것으로 기대된다. 이는 국가별 ICT발전지수와 1인당 국민총소득 (GNI) 간 상관관계로 미루어 볼 수 있다. 세계은행(World Bank, WB) 역시 국가별 소득 수준이 높아지면서 디지털 기술과 보완재 수준이 함께 증가하는 경향이 나타난다고 밝힌 바 있다. 디지털 인프라는 생산·소비 과정에서 필요한 의사소통과 협력을 지원하고, 비즈니스 모델의 창출을 촉진하며, 프로세스를 최적화할 수 있도록 해준다. 자동화·데이터화·지능화로 연결성이 높아지는 미래 사회에서 이러한 디지털 인프라는 우리에게 큰 힘이 되어 줄 것이다(〈그림 3-5〉 참조).

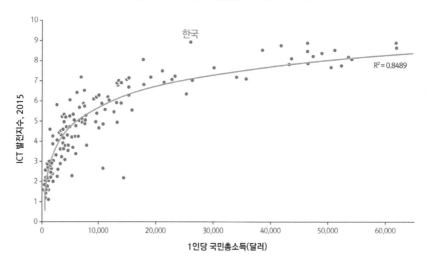

〈그림 3-5〉 국가별 1인당 국민총소득 및 ICT발전지수

출처: 「Measuring the Information Society Report」, ITU, 2015, 57쪽.

■ 혁신이 강조되는 우리나라의 환경

앞서 제시한 것처럼 UBS는 4차 산업혁명과 관련하여 한국의 혁신 수준을 겨우 양호한 정도(19위)라고만 평가했으나, 경제 미디어 그룹 블룸버그(Bloomberg)[25]는 한국을 세계에서 가장 높은 혁신역량을 갖춘 국가로 평가했다. 블룸버그가 발표하는 국가별 혁신지수에서 한

....

25 24시간 경제 뉴스를 서비스하는 미디어 그룹으로 본사는 미국 뉴욕에 위치하며 매년 국가별 혁신지수를 발표한다.

국은 2014년부터 3년 연속으로 1위를 차지했다. 블룸버그 혁신지수를 이루는 7개 부문[26] 중 우리나라는 '제조업 부가가치', '고등교육 효율성'에서 1위로, 'R&D 지출 집중도', '첨단기술 집중도', '특허 활동'에서 2위로 평가되었다.

이처럼 우리나라가 혁신을 강조하는 것은 자원이 절대 부족하다 보니 인적자원과 기술로부터 가치를 창출해야 하기 때문이다. 수년 전, 우리나라가 가격경쟁력은 신흥국들에 밀리고 기술경쟁력은 선진국들에 밀려 세계시장에서 입지를 잃고 있다는 '넛크래커론(Nut-cracker Phenomenon)'이 화두가 된 적이 있다. 더욱이 최근에는 신흥국도 기술 경쟁력을 갖추어 우리나라를 금방 따라잡을 상황이고, 선진국도 재정정책 등으로 가격경쟁력을 갖추고 있다는 '新넛크래커론'이 떠오르며 위기감은 더욱 확산되고 있다.

이러한 상황을 타개하기 위해 우리나라는 혁신 활동에 더 많은 자원과 역량을 집중하고 있다. 우리나라는 2014년도 국내총생산(GDP) 대비 R&D 투자 비중이 4.29%로, 2013년도에 이어 2년 연속 OECD 1위를 차지한 바 있다. 국가적으로 혁신적 기술과 창조적 아이디어로부터 성장동력을 찾으려는 창조경제를 내세우고 있고, 과학기술기본계획을 통해 국가전략기술의 개발도 추진하는 중이다. 또한, 경제활

---

26 ① R&D 지출 집중도, ② 제조업 부가가치, ③ 생산성, ④ 첨단기술 집중도, ⑤ 고등교육 효율성, ⑥ 연구원 집중도, ⑦ 특허 활동.

동인구 대비 높은 비중의 인력이 연구 활동에 참여하고 있으며, 고등교육을 받는 인구의 비중은 OECD 국가 중 가장 높은 수준을 자랑한다. 2003년도에 FTA 로드맵을 수립한 이후부터는 세계 여러 국가들과 적극적으로 FTA를 체결하며 경제의 개방성을 높이고 있다.

한편, 혁신 활동에 들이는 많은 노력에 비해 실제 창출되는 성과가 미흡하다는 우려도 있다. 기존에 성공적이던 혁신 시스템에 감춰져 있던 한계가 환경 변화에 따라 노출되는 것으로도 볼 수 있다. 선진국을 추격하던 위치에서 새로운 분야를 개척하는 퍼스트 무버로 전환하는 것이 절실하지만, 기존의 관성을 단기간에 벗어나는 것에는 많은 어려움이 있다. 그러나 국가적으로 혁신의 중요성을 함께 공감하고 있다는 점은 우리에게 희망적이다.

■ 무에서 유를 창조한 우리 경제의 저력

우리나라는 빈손에서 시작하여 경이로운 경제 성장을 이루어낸 경험이 있다. 1960년 국내총생산(GDP)이 39억 달러였다가 55년 후 1조 4,000억 달러가 된 것은 무려 354배나 늘어난 것이다(〈그림 3-6〉 참조). 1997년에는 동아시아 경제 위기 속에서 IMF 구제금융을 받게 되는 아픔을 겪기도 했다.

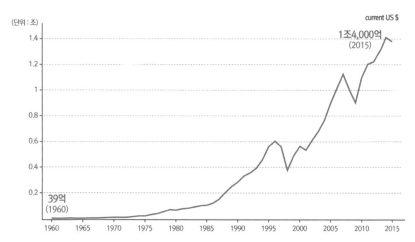

〈그림 3-6〉 한국의 GDP 성장(1960~2015년)

(단위 : 조)

current US $

1.4

1.2

1

0.8

0.6

0.4

0.2

1조4,000억
(2015)

39억
(1960)

1960 1965 1970 1975 1980 1985 1990 1995 2000 2005 2010 2015

출처: World Bank 통계, http://data.worldbank.org/indicator/NY.GDP.MKTP.CD?locations=KR

그러나 뼈를 깎는 구조조정을 통해 이를 4년 만에 극복해냄으로써 다시금 세계의 감탄을 자아내었다. 또한, 공적개발원조(Official Development Assistance, ODA)[27]의 도움을 받던 나라가 도움을 주는 나라로 돌아선 것은 세계에서 우리나라가 유일한 사례이다.

....

27 공적개발원조는 한 국가의 중앙정부 혹은 지방정부 등 공공기관이나 원조 집행기관이 개발도상국의 경제 개발과 복지 향상을 위해 개발도상국이나 국제기구에 제공하는 자금의 흐름을 가리키는 말이다.

이러한 기적을 이루어내는 여정에서, 우리는 변화가 필요한 고비마다 기존의 익숙한 틀을 깨고 새로운 모습으로 탈바꿈하고는 했다. 위기에 닥쳐서는 눈앞의 어려움을 감내하고, 극복 방안을 찾아내는 슬기를 발휘하기도 했다. 그 결과 선진국들이 수 세기 걸쳐 쌓아올린 성과를 50년 남짓한 기간에 달성하고, 현재의 전환기에 또 한 번의 도약을 노릴 수 있게 된 것이다. 지금 눈앞에 당도해 있는 4차 산업혁명은 경제, 사회 전체의 변혁을 요구한다. 무에서 유를 이루어낸 우리의 지난 역사는 이러한 시기에 더욱 값지게 되살릴 수 있는 경험이다.

Chapter.

02절

주요 산업 분야별 전망과 현황

주요 산업 분야별로 생산·소비의 미래를 전망하고 한국의 현황을 진단하기 위해, 앞 장에서 미래 생산·소비의 혁신 사례를 도출하는 데 활용한 ① 자동차, ② 교통, ③ 에너지, ④ 의료, ⑤ 소매, ⑥ 지식서비스, ⑦ 식량, ⑧ 자원 등 8대 분야를 기준으로 산업 분야를 구분해 보았다(《그림 3-7》 참조). 그리고 산업 분야별 국내 산학연 전문가 978인을 대상으로, 미래 생산과 소비의 혁명에 대한 설문조사를 실시했다. 설문에서는 각 분야별로 ① 우리나라가 받게 될 영향의 크기, ② 산업 측면에서 준비 수준, ③ 규제·제도의 마련 수준에 대한 인식을 조사했다.

〈그림 3-7〉 4차 산업혁명의 파급력과 한국의 준비도

● 자동차
● 교통
🔋 에너지
➕ 의료 · 바이오
📱 소매
👁 지식서비스
🏔 식량
💧 자원

● 영향
■ 산업준비정도
▲ 규제/제도 준비정도

6점: 크다/준비되어 있다.
5점: 약간 크다/ 어느 정도 준비되어 있다.
4점: 보통이다.
3점: 약간 적다/ 다소 준비되어 있지 않다.

  그 결과, 각 분야마다 세부 수치에서는 다소 차이가 있었으나 전문가들은 미래 생산과 소비의 혁명으로 인해 우리나라의 산업들이 큰 영향을 받게 될 것으로 인식하고 있었다. 그러나 이에 비해 대부분의 산업에서 준비는 부족한 상황이었으며, 규제와 제도의 마련 또한 미진하다는 점이 공통적으로 나타났다. 성큼 다가오는 생산과 소비의 혁명에 대비함에 있어, 경제·사회 전반을 아우르는 시스템 전환이 필요하다는 점을 재차 시사하는 부분이다.

〈그림 3-8〉 주요 산업 분야별 전망과 현황

분야	미래 전망	한국 현황
자동차	• 지능화 및 자율주행자동차 등장 • 다양한 수요에 맞추어진 생산 • 다양한 자동차 기반 서비스 도입	• 스마트카 기술의 개발 및 적용 • 기업 간·산업 간 협력의 부족
교통	• 교통수단 및 인프라의 연계 강화 • 개인 맞춤형 교통 서비스의 등장 • 환경친화적으로 진화	• ITS 인프라의 선제적 구축 • 미래교통 시스템 투자전략 필요
에너지	• 소비자 선택권의 다양화 • 분산형 네트워크 중심으로 전환 • 환경친화성 증대	• 대단위 SW 아키텍처 기술 취약 • 이해관계자간 갈등으로 정책추진 장애
의료·바이오	• 개인 빅데이터 기반 맞춤형 진료 • 유전체학에 의해 치료개념 전환	• 연구자-수요자 간 연계 미약 • 의료 정보시스템 및 서비스의 수출 성과
소매	• 다양한 유통채널의 통합 • 3D 프린팅 이용의 확산 • 빅데이터·인공지능으로 마케팅 발전 • 인권친화적·생태친화적 소비	• 인터넷 및 모바일 쇼핑의 발달 • O2O 옴니채널 소비의 확산
지식서비스	• 지식기반의 구축 및 고도화 • 다양한 생활서비스 및 사업서비스	• 핵심기술의 높은 해외 의존도 • 대용량 분산처리 기술 경쟁력 보유
식량	• 푸드체인 글로벌화, 소비패턴 다양화 • 정밀농업 및 식물공장의 확산 • 농축수산 유통에 ICT 결합의 확대 • 소비자 맞춤형 식품시장 활성화	• 식량 분야 국제경쟁의 강화 • 식물공장 모델의 개발 및 일부 보급 • 법·제도 마련, 사회공감대 필요
자원	• 맞춤형 생산에 필요한 기민한 자원공급 • 첨단산업에 필요한 희유금속 수요 증대 • 국가 간 갈등의 한편으로 협력 증가	• 단순한 수량목표, 기술로드맵 위주 정책 • 이해관계자의 폭넓은 고려 부족

자동차

■ 자동차 분야 미래 전망

현재 자동차 산업은 거대한 변화의 중심에 있다. 그중 가장 두드러진 것은 자동차의 지능화이다. 카메라, 레이더, 라이더(LiDAR)[28] 등이 도입되면, 야간이나 안개 등 시야 확보가 힘든 상황에서도 운전을 할 수 있게 된다. 2025~2030년경 확산할 것으로 예상되는 자율주행차는 운전 해방 시대의 서막을 열 것이다.

그리고 자동차의 이용 패턴과 요구 사항이 다양해짐에 따라 자동차의 생산도 변화할 것으로 전망된다. 갈수록 1인 가구와 노인 운전자가 증가하면서, 미래의 차량은 단순한 이동 기구를 넘어 여러 가지 목적으로 이용될 것이다. 4인 가구, 남성을 주된 대상으로 하는 기존 승용차 대신 1~2인 탑승에 최적화된 퍼스널 모빌리티(personal mobility)나 내부를 오락·회의 등의 목적으로 변형할 수 있는 차량의 이용이 많아질 전망이다. 또한, 자율주행 기술이 발전하면서, 주행 시간에 즐길 수 있는 여러 가지 콘텐츠가 제공되는 식으로 자동차를 기반으로 하는 서비스들이 활성화될 것이다. 결국, 차량 안에서

---

28   LiDAR는 Light Detection And Ranging의 약자로 기본 원리는 레이더와 동일하나 전파 대신 빛, 즉 레이저를 사용해 물체와의 거리나 위치를 측정하는 장치이다.

보내는 시간은 이동이라는 본연의 목적을 넘어서 여가 시간으로 진화될 전망이다.

▪ 자동차 분야 현황 진단

우리나라는 스마트카 기술을 개발하여 최고급 차종 중심으로 적용한 경험이 있다. 현재에도 완성차 업체, 전문 부품업체, ICT 업체들이 상용화 기술 개발에 매진하고 있다.[29]

미래 자동차 생태계를 활성화하기 위해서는 산업 간, 기업 간의 긴밀한 협력이 필요하다. 우리나라는 세계 5위의 자동차 산업과 높은 수준의 ICT 역량으로 물적 조건은 이미 충분히 갖추고 있다. 하지만 국내 기업들은 폐쇄적 기업문화와 수직 계열화된 산업구조 등으로 인해 서로 협력하는 문화가 충분히 성숙되어 있지 않다. 이러한 문화적 차이는 산업 간 협업 과정에서 발생하는 오해나 불협화음의 원인이 되기도 한다.

---

29 기아자동차는 마이크로소프트와 제휴하여 음성 인식 기반의 자동차 오디오·미디어 시스템인 유보(UVO)를 개발해 상용화하기도 했고, 현대자동차는 스마트폰을 활용한 자동차 원격제어 서비스가 가능한 블루링크(BlueLink) 텔레매틱스를 개발하여 북미 제품에 적용하는 등 텔레매틱스 기술을 실용화하는 단계에 있다.

🚦 교통

■ 교통 분야 미래 전망

교통 분야 패러다임의 중심은 '이동 효율성'에서 '인간 중심의 지속가능성'으로 전환될 전망이다. 미래에는 인간 삶의 질이 중시됨에 따라, 교통 시스템이 안전성, 신속성, 경제성을 기본적으로 갖추면서 높은 수준의 쾌적성, 편리성도 충족하도록 요구될 것이다. 그리고 지속가능한 교통 시스템을 위하여 에너지 효율을 높임과 함께 온실가스 배출을 줄이고, 노약자, 장애인, 교통 음영 지역 거주자 등의 교통약자를 배려할 필요가 높아질 것이다.

미래 교통 시스템에서 나타날 가장 근본적인 변화는 개별 이동수단 대신 시스템에 의한 이동이 일반화된다는 점이다. 차량, 인프라, 서비스가 긴밀하게 협력하여 개인과 물품을 원하는 장소까지 이동시켜 준다. 차량들은 상호작용하며 교통 시스템의 일부가 되고, 도로와 신호기, 주유소(충전소) 등 인프라 역시 네트워크를 통해 결합한다.

이에 따라 개인별 맞춤 교통 서비스도 가능해질 것이다. 고도로 밀집되어 수평·수직 구조가 조화를 이루는 미래 도시에서 교통 시스템도 2차원에서 3차원으로 진화하며 신개념 이동수단들이 등장할 것이다. 이들은 ICT를 통해 연계되어 여러 가지 상황에서 이용 가능한 서비스를 창출할 수 있다.

그리고 미래의 교통 시스템은 환경친화적으로 진화할 것이다. 교통 분야에서 에너지 효율성이 높아지고, 태양광발전, 소풍력발전 등을 도입하여 에너지를 생산하는 역할도 담당하게 될 것으로 전망된다.

■ **교통 분야 현황 진단**

우리나라는 지능형교통체계(intelligent transportation system, ITS)를 국가 차원에서 조기에 추진함으로써 이동의 효율성을 높여왔다. 미래에는 이를 발전시켜 교통 수요를 분산하고 차량 흐름을 제어함으로써 교통 효율을 크게 개선시킬 것으로 예측된다. 이와 같이 교통의 운영과 관리를 과학화하고 자동화함으로써 보다 안전하고 편리한 교통 서비스를 제공할 수 있을 것이다.

하지만 우리나라에서 앞으로 다가올 교통 부문의 총체적 변화에 대한 국가적 전략 연구나 시스템 개발을 위한 지원은 아직 부족한 상황이다. 그러므로 국가 차원에서 장기적 전략을 마련하고 사회적 영향을 고려하며 단계적으로 추진할 필요가 있다. 또한, 이동수단이 다양해지고, 인프라가 고도화되는 것에 발맞추어 획기적인 미래 교통 시스템 기술을 선정하여 발전시키는 전략적 투자도 요구된다.

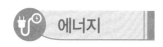

■ 에너지 분야 미래 전망

에너지 산업의 패러다임은 에너지 생산 중심에서 서비스 중심으로 전환하고 있다. 에너지 소비자의 이동성이 높아지고 분산형 에너지 네트워크가 확산함에 따라, 소비자에게 언제, 어디서나 편리하고도 끊어짐 없이 에너지를 공급하는 것이 새로운 과제가 되고 있다.

소비자는 에너지 서비스가 중시되는 미래 사회에 더욱 풍부한 선택권을 누리게 될 것이다. 연료전지, 태양전지, 풍력발전기 등 에너지 변환 기술이 발전하며, 소비자는 석유, 도시가스, 태양광 등의 1차 에너지로부터 전력을 생산할지, 전력회사로부터 전력을 직접 공급받아 이용할지 선택할 수 있게 될 것이다.

또한, 에너지 생산·소비가 분산형 네트워크 중심으로 전환되는 것과 함께, 국가를 넘어서는 단위에서의 연계도 증가할 것으로 예상된다. 대형 발전소 중심의 중앙집중형 에너지 공급 체계는, 데이터를 실시간 분석하여 통합적으로 관리하는 스마트 그리드 시스템으로 대체될 것이다. 또한, 에너지를 자체적으로 생산하거나 여유분을 내다 파는 에너지 프로슈머도 중요한 참여자로 등장할 것이다.

에너지 생산·소비의 스마트화와 신재생에너지의 도입 확대는 에너지 산업의 환경친화성을 증대시킬 것이다. 신재생에너지 분야 전문지인 블룸버그 뉴에너지파이낸스(Bloomberg New Energy Finance, BNEF)는 전 세계 에너지 발전 설비 총량 중 화석연료가 차지하는 비중이 65%에서 2040년 36%까지 감소할 것으로 전망했다.

■ 에너지 분야 현황 진단

우리나라는 에너지 분야 생산·소비 혁명을 준비하는 과정에서, 에너지 네트워크 전체를 포괄하는 소프트웨어 설계 기술이 취약하다는 점이 지적된다. 지속가능한 에너지 생태계를 만들고 주도하기 위해서는 플랫폼의 '사실상 표준(de facto standard)'[30]을 확보해야 할 것이나, 우리나라는 에너지 플랫폼 기술을 주도할 인력이 많이 부족한 상황이다.

또한, 여러 이해관계자가 개입되는 에너지 분야의 특성상 이들 간의 갈등이 정책 추진에 걸림돌이 되는 경우가 빈번하다. 이를 해결하기 위해서는 에너지 분야의 정책 추진에 수반되는 사회문제들을 합리적으로 해결할 수 있는 여론 수렴과 합의 프로세스를 마련하는 것이 요구된다.

....

30 표준은 공인된 표준화 기구(ISO, ITU, TTA 등)에서 제정된 '공식표준(de jure standard)'과, 시장 경쟁에서 승리한 제품(MS 윈도우, 아마존 전자상거래 등)이 암묵적으로 통용되는 '사실상 표준(de facto standard)'으로 구분된다. 사실상 표준에, 특정 분야의 표준화를 위해 임의로 구성한 조직 또는 기업 연합에서 제정한 표준을 포함하기도 한다. (출처: 한국정보통신기술협회, 『ICT 표준화 활동 가이드』, 2009. 9.)

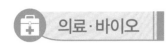
의료·바이오

■ 의료·바이오 분야 미래 전망

우리 사회에서 진행되는 많은 변화의 중심에는 '고령화'와 '1인 가족'이 자리한다. 이와 함께 삶의 질이 중시되면서 건강에 대한 관심이 높아지고 있다. 의료·바이오 분야는 이러한 요구에 부응하여 의료비용 감소를 추구하고 있으며, ICT 융합을 통해 '치료(care)'에서 '관리(management)'로 개념이 전환됨에 따른 미래의 변화들이 전망된다.

첫째, '정밀의료(precision medicine)'와 '개인 맞춤형 치료'가 이루어질 것이다. 개인의 유전 정보와 진료 기록, 생활습관, 기후·환경 정보 등을 종합적으로 분석하여 최적화된 치료가 이루어지게 된다. 개인의 생활 데이터 수집과 유전체 분석에 드는 비용이 현저히 낮아지며[31] 이용이 보편화되고 있다. 이러한 대규모 데이터를 최신 지식과 결합하여 활용하려면 인공지능과의 협업이 필수적이다.

둘째, '암관리(cancer management)'가 보편화될 것이다. 최근 들어

....

31 1990년대 중반에는 개인 유전체 분석에 30억 달러가 들었으나, 2013년경에는 1,000달러까지 떨어졌고, 2016년에는 미국의 개인 유전체 분석 기업 23앤미(23andMe)에서는 99달러 또는 199달러에 검사 서비스를 해주던 것처럼, 유전체 분석 비용은 크게 하락하고 있다.

암은 치료가 아닌 관리의 대상으로 보는 인식의 변화가 일어나고 있다. 암의 치료는 환자에게 막대한 경제적, 육체적, 정신적 부담을 지우게 된다. 그러나 발전된 기술로 암을 적절히 관리할 수 있게 되면서, 환자의 비용 부담을 낮추며 삶의 질을 유지할 수 있는 미래가 예상된다.

이러한 미래를 실현하기 위해서는 제도적·행정적 체계가 동반되어야 한다. 최신 의료 기술은 일반인이 감당하기에 고가인 경우가 많다. 따라서 진료 과정의 비효율을 제거하고, 비용 절감이 소비자 부담 경감으로 이어질 수 있도록 보험 급여와 진료비 체계를 마련해야 한다. 미국의 인텔은 병원, 보험회사, 행정기관과 5년간 연구한 끝에 하부요통, 두통 등의 진료 과정을 효율화한 바 있다.

■ 의료·바이오 분야 현황 진단

우리나라는 의료·바이오 서비스의 수준이 높고 대다수 국민이 건강보험의 혜택을 받고 있다. 그러나 R&D 수행자와 병원과의 연계가 부족하여, R&D 성과물이 시제품 단계에 도달하더라도 시장 근접 단계에서 탈락하곤 하는 문제가 지적된다. 또한, R&D에서 해외 기관과의 연계가 부족하고, 글로벌 기업에 비해 투자, 인력 등이 영세하여 세계시장에서의 활동은 걸음마 수준에 머물고 있다.

그러나 최근 의료 정보 시스템과 의료 서비스 부문에서 긍정적인 신호가 나타나고 있다. 중동, 미국, 유럽 등의 국가를 대상으로, 국내 대학병원들이 개발한 병원 정보화 시스템이 활발하게 수출되고 있다. 또한, 의료 서비스와 연계하여 의약품, 의료 기기 등을 패키지로 동반하는 형태의 수출도 이루어지고 있다.

소매

■ 소매 분야 미래 전망

스마트 소비는 전방위적 유통 채널을 소비자 중심으로 통합하여 일관된 소비 경험을 제공하는 방향으로 발전하고 있다. 온라인과 오프라인의 연결인 O2O(online to offline)와 기술 혁명은 소매가 한층 더 자동화, 지능화되도록 이끌어줄 것이다. 미국의 아마존은 컴퓨터 시각화, 인공지능, 센서 융합 등의 기술을 적용하여, 계산이나 지불의 수작업 없이 소비자가 물건을 살 수 있는 상점 아마존 고(Amazon Go)를 선보였다.

나아가 3D 프린팅은 스마트 소비자를 위한 맞춤형 솔루션으로 기능할 것이다. 또한, 개인이 창안한 독특한 디자인을 온라인에 올리고, 이를 주문받아 개별 제작하는 크라우드 소싱(crowd sourcing) 방식의 P2P(peer-to-peer) 사업자들도 등장할 것이다.

　기업들은 빅데이터와 인공지능을 활용해 제품 기획과 마케팅을 한층 발전시킬 것이다. 고객의 숨겨진 수요를 파악하여 매력적인 신제품을 개발하고, 개인화 광고를 통해 소구력(appealing power)[32]을 높이며 최적의 가격을 제시할 수 있다. 유통에서 아마존(Amazon), 알리바바(Alibaba) 등 거대 플랫폼들이 강세를 보이겠지만, 다른 한편으로 유통망 없이 소비자에게 직접 다가가는 D2C(direct to consumer) 기업도 힘을 얻을 것이다.

　아울러 소매 분야는 인권 친화적, 생태 친화적인 방향으로 진화할 것이다. 소비자 의식 수준이 향상됨에 따라 '윤리적 소비', '죄책감 없는 소비' 등의 움직임이 나타나고, 소비자 단체를 중심으로 기업에 대한 영향력이 높아지고 있다.

■ 소매 분야 현황 진단

　우리나라의 소비자는 고도로 발달한 인터넷과 모바일을 통해 실시간으로 제품의 가격 정보들을 비교하며 소매상품을 구입하고 있다. 나아가 온라인·오프라인을 넘나드는 옴니채널을 통해, 상품의

32　'소구력'이란 광고 등이 잠재 소비자에게 호소하는 강도. 즉, 마음을 움직이고 관심을 갖게 하는 힘이다.

판매, 결제, 물류의 삼각편대가 유기적으로 결합되어 소비자 편의를 극대화하고 있다.

그리고 일부 기업은 매장 운영에 빅데이터 기술을 적용하여 수익을 높이고, 가상현실·증강현실 기술로 고객이 상품을 구입하기 전에 생생하게 체험해 볼 수 있도록 돕고 있다. 또한, 소비자에게 자동으로 상담을 제공하며 쇼핑의 의사결정을 지원하는 인공지능 기술을 도입하고 있는 기업도 있다. 그러나 개인정보 관련 규정에 아직도 불명확한 부분이 남아 있어, 소매 분야의 혁신에 필수적인 데이터의 활용에 장애로 작용한다는 점이 지적된다.

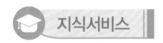

지식서비스

■ 지식서비스 분야 미래 전망

지식서비스(knowledge-intensive service)[33]는 과학적 검증과 체계화를 거쳐 구축한 지식 기반을 통해 고도화된 서비스를 제공한다. 미래

---

33 지식서비스란 지식을 창출·가공·활용·유통시키거나 지식이 체화된 중간재를 생산활동에 집약적으로 활용하여 고부가가치를 창출하는 서비스를 가리키는 말이다.

의 생산과 소비에서, 지식서비스는 맞춤형 서비스를 창출하고 기존 산업을 지원하며 융합을 이끌므로 높은 중요성을 갖게 된다. 이러한 지식서비스는 사물인터넷, 빅데이터, 인공지능 등 첨단 지능정보기술 진보의 혜택을 가장 직접적으로 누리게 될 산업이다. 지식 기반의 구축은 관련 데이터의 획득과 분석이 필수적이다. 사물인터넷이 확산되며 양질의 데이터 확보가 가능해졌고, 빅데이터와 지능정보기술은 여러 분야에서 완성도 높은 지식 기반의 구축을 가능하게 해 준다.

앞으로 지식서비스는 사용자 중심의 맞춤형 서비스를 신속하고 저렴하게 제공해 줄 것으로 기대된다. 건강관리, 가사관리, 자산관리, 교육, 오락, 문화를 망라하는 대부분의 생활 서비스 영역에서 개인별 요구에 부합하는 서비스를 제공할 것이다. 또한, 투자, 법률, 세무, 회계 같은 사업 서비스 영역에서도 인간과 시스템이 협업하는 고도화된 서비스를 경제적으로 제공할 것이다. 더불어 지식서비스는 다양한 산업과 융합하여 경쟁력을 향상하고 창의적인 비즈니스 모델을 창출할 수 있도록 기여할 것이다.

■ **지식서비스 분야 현황 진단**

우리나라는 정부 차원에서 지식서비스 분야 산업을 발전시키기 위한 '빅데이터 산업 발전전략'(2013년), '지능정보산업 발전전략'(2016년)

등의 정책을 추진하고 있다. 이들 정책은 기술 선점, 전문 인력 확충, 인프라 구축, 산업 생태계 조성 등을 주된 내용으로 한다. 그리고 최근에는 지능정보기술에 대한 관심이 높아지는 추세이다.

우리나라 지식서비스 분야 기술은 아직 선진국에서 개발한 핵심기술을 도입하여 적용하는 수준에 머물고 있다. 다만, 온라인 게임 네트워크 운영 경험을 통해 축적한 대용량 데이터 분산처리[34] 기술은 높은 수준이다. 그러나 미래에 큰 파급 효과가 예상되는 인공지능 기술, 지식 기반 빅데이터 처리 기술 등은 이미 거대 글로벌 기업들이 상용화 기술을 독점하고 있는 상황이다.

식량

■ 식량 분야 미래 전망

최근에는 식량 분야에서 농·축·수산물 생산량을 증대하는 것보다, 수확, 저장, 가공, 유통, 소비에 이르는 푸드체인(food chain)의 효

---

34 대량의 데이터를 분산하여 병렬로 처리하는 기술을 말한다. 온라인 MMORPG(massively multiplayer online role-playing game)에서 서버에 몰리는 이용자로 인한 과부하를 분산하기 위해 이용된다.

율성을 높이는 것이 강조되고 있다. 이는 푸드체인의 글로벌화가 심화되고 식량의 소비 패턴이 다양해지기 때문이다. 특히, 센서, 자동화, 네트워크 등의 기술이 융합된 정밀농업을 통해 품질 향상, 소출 증대, 노동력 절감 등의 효과를 거둘 수 있을 것으로 예상된다.

향후 지능정보기술의 활용을 통해 큰 변화가 나타날 부분은 농·축·수산 유통 분야일 것이다. 최근 RFID(Radio-Frequency Identification) 등을 활용한 유통 추적 시스템이 도입되며 효과적인 위생 관리가 가능해지고 있다. 그리고 채소, 육류, 생선 등의 특성에 따라 같은 공간에서도 냉장 온도를 각각 다르게 하는 스마트 냉장 기술, 반가공 과정에서 자동으로 불량 채소 등을 골라내는 자동 분류 기술이 발전하며 물류 효율성을 크게 증대시키고 있다.

장기적으로는 소비자 맞춤형 식품 시장도 활성화될 것으로 예상된다. 빅데이터 기술로 기관, 소비자, 생산자 등 각 계층별 요구 사항을 분석하여 맞춤형 정보를 도출할 수 있다. 이에 따라 식자재 업체나 간편식 업체들은, 소비자마다 갖는 알레르기나 부위별 선호도 등의 특성을 감안한 가정대체식(home meal replacement, HMR)을 공급할 수 있을 것이다.

■ 식량 분야 현황 진단

WTO 체계 출범, FTA 체결 등으로 식량 분야의 논점은 국내 경쟁의 영역을 넘어 국제 경쟁의 영역으로 확장되었다. 이에 따라 세계시장에서 국내 식량 분야의 경쟁력 확보가 무엇보다 중요한 과제로 떠오르고 있다. 궁극적으로는 우리의 식량 안보를 위하여 식량의 가용성뿐 아니라 접근성, 안정성을 합리적으로 조화시키는 것이 중요하게 대두되고 있다.

한편, 우리나라는 2001~2004년까지 한국형 식물공장 모델을 개발하여 2005년에 수평형 식물공장 시스템을 일부 현장에 보급하기도 했다. 그러나 식물공장을 보급하고 확대하기 위해서는 법·제도의 마련, 사회적 공감대 형성, 지속적 수요 증대, 운영의 경제성 확보, 고부가가치 작물 재배 기술 개발 등 해결해야 할 과제들이 산적해 있는 상황이다.

자원

■ 자원 분야 미래 전망

미래의 급변하는 시장에서 필요한 소재를 신속하게 확보하는 것은 매우 중요하다. 그리고 소비자의 세분화된 수요를 적시에 충족하는 맞춤형 생산에 대하여 여러 종류의 자원을 복잡한 과정을 거쳐 공급해야 하는 어려움 또한 높아질 것이다. 자원 수급의 현황을 기민하게 파악하고 실시간으로 최적화하는 것은 산업 경쟁력과 직결된다.

그리고 디지털 제품의 이용이 세계적으로 확산되고 첨단산업들이 등장함에 따라 특정 자원에 대한 수요가 크게 높아질 것으로 전망된다. 모바일 및 웨어러블 기기, 무인이동체에 필요한 리튬이온전지(lithium-ion battery)의 사용이 증가할 것이다. 그리고 기후변화와 자원고갈 문제에 대응하기 위한 풍력발전, 태양광발전의 수요도 증가할 것이다. 이는 리튬, 디프로슘, 테르븀 등의 희유자원 이용이 증가하는 것을 의미하며, 이에 따라 국가 간 갈등이 빈번해지면서 관세 부과, 수출 제한 등의 수단이 강화될 수 있다.

다른 한편으로 자원의 지속가능한 이용을 위한 국가 간 협력도 강구될 것으로 전망된다. 국제적 차원에서 자원 이용 관련 각계각층의 인사들이 참여하며 자원문제를 논의하고 정책을 제안하는 움직임이 이루어지고 있다.[35] 이는 에너지 분야의 기후협약처럼, 향후 국가 간 협약이나 협의체로 이어질 가능성이 높다.

■ 자원 분야 현황 진단

우리나라는 필요한 자원에 대해 자기결정권을 행사할 수 있는 '자원주권'의 시각에서 자원문제에 접근해야 한다. 순환경제의 확산은 자원 다소비 국가인 우리나라가 대외 의존도를 낮추어 자원주권을 강화하는 것에 크게 기여할 것이다.

지금까지 우리나라의 자원정책은 단순한 수량 목표, 기술 로드맵 위주였으며, 이해관계자에 대한 폭넓은 고려는 부족했다. 자원 순환 전 주기에 걸쳐 있는 이해관계자들의 참여를 위한 장치는 일회성 공청회나 전문가 중심 회의가 대부분이다. 자원별 생애주기(life cycle)와 관련된 기업, 협회, 단체, 시민이 보다 적극적으로 참여하는 가운데 지속적인 모니터링을 수행함으로써 정책 간 시너지 효과를 높일 필요가 있다.

....

35 유럽 자원 효율성 플랫폼(European Resource Efficiency Platform, EREP)은 각계각층의 인사들이 참여하여 유럽 차원의 자원 정책을 연구하고 정책을 제안한다. 유엔환경계획 (UNEP) 소속의 국제자원패널(International Resources Panel, IRP)도 공식적인 전문가 포럼을 개최하여 자원 문제를 논의하고 있다.

10년 후
대한민국
미래전략
보 고 서

제4장

생산과 소비의
혁명 시대를
주도하는 미래전략

우리나라가 생산과 소비의 혁명 시대의 선도국으로 도약하기 위해 어떠한 미래전략이 필요할까? 생산과 소비의 혁명은 산업의 문제로 그치는 것이 아니라, 교육, 노동, 문화 등 관련 요인들을 포함하여 시스템을 총체적으로 고려해야 해결의 실마리를 찾을 수 있다. 생산·소비의 변화는 인간의 삶 전체의 변화를 의미하기 때문이다. 그러므로 미래의 관점에서 경제, 사회 전체의 구조와 프로세스뿐 아니라, 인간의 정서까지 고려하는 전일적 접근이 필요하다. 이를 위해 이번 장에서 미래에 대비하는 생산과 소비의 전략을 비즈니스 모델, 혁신역량, 제도 및 인프라, 사회·문화의 네 가지 측면에서 모색해 보고자 한다(132쪽 〈그림 4-1〉 참조).

■ 미래의 생산·소비에 대응하여 전체적 시각으로 마련하는 미래전략

우선, 기업은 게임의 룰이 바뀌는 것을 받아들이고 미래 시장에서도 가치를 창출할 수 있도록 자기 변혁을 추구해야 한다. 과학기술 발전과 경제·사회의 변화는 경쟁의 지형과 가치 창출의 원천을 변화시킨다. 이를 직시하지 못하고 타성에 얽매이다가는 부적응과 몰락의 위기에 놓일 가능성이 높다. 그러므로 기업은 업무를 수행하고 가치를 창출하는 방식을 바꾸어야 한다. 이를 위해 생산과 소비의 프로세스를 혁신하고, 세계적으로 확산되는 플랫폼 경제로 전환하는 전략을 구사해야 할 것이다.

둘째로, 산학연과 개인을 포함한 혁신 주체들은 스스로 혁신을 창출할 수 있는 역량을 공동으로 키워가야 한다. 미래의 시장에서 저비용 경쟁력은 의미가 퇴색하며, 이에 의존하는 국가·기업은 혁신적 국가·기업에 자리를 내어주게 될 것이다. 그런데도 우리나라는 연구개발 부문부터 여전히 추격형 전략에 머무른다는 지적이 제기되고 있다. 이를 위해 기초적인 기술 역량을 향상시키고 혁신 시스템을 개방형·참여형으로 전환해야 한다. 그리고 새로운 혁신 시스템에서 활약할 차세대 핵심 인력을 양성할 필요가 있다.

셋째로, 정부는 생산·소비의 변화에 걸맞은 제도와 인프라를 마련해야 한다. 생산·소비의 발전을 가로막지 않으면서도, 이를 안정적으로 지원하고 통제하기 위한 제도의 개선을 고민할 필요가 있다. 그리고 자동화, 데이터화가 심화되고 연결성이 증대되는 미래 지능정보사회의 생산·소비를 뒷받침하기 위한 데이터 인프라와 시스템 인프라를 강화해야 한다.

마지막으로, 사회는 생산과 소비 변화의 부작용을 방지하고 혜택을 극대화하도록 문화와 윤리를 조성해야 한다. 상호작용이 심화되는 미래 사회에 신뢰와 공유의 문화를 형성함으로써 생산자는 효율을 높이고 소비자는 더욱 많은 혜택을 누릴 수 있다. 그리고 사람뿐 아니라 환경과의 관계에 있어 지속가능성의 윤리를 내재화함으로써 협업적 순환경제 시스템의 구축을 촉진할 수 있다.

〈그림 4-1〉 생산과 소비의 혁명을 주도하는 미래전략

미래형 비즈니스 모델의 구축

생산과 소비의 프로세스 혁신

플랫폼을 통한
생산·소비 융합의 구현

생산·소비 영역의 혁신창출 역량제고

표준화 연계 기술력 향상 및
개방형·참여형 혁신 확대

차세대 핵심인력 양성

제도와 인프라의 마련

생산과 소비 혁신에 부합하는 제도 정비

데이터 및 시스템 인프라 강화

새로운 문화와 윤리의 확립

신뢰와 공유의 문화 형성

친환경·협력적 순환경제 시스템 구축

01절

미래형 비즈니스 모델의 구축

기업은 어떻게 가치를 창출하여, 어떠한 고객에 전달하며, 어떻게 수익을 남기는지를 명확히 정의한 비즈니스 모델에 근거하여 사업을 수행한다. 비즈니스 모델은 목표 고객, 핵심 경쟁력, 파트너 네트워크, 가격 구조, 수익 모델 등 운영의 전반을 아우른다. 이는 기업에게 경쟁의 원천이 되고, 이익을 보호하며, 시장에 혁신을 일으키게도 해준다. 따라서 기업에게 있어 비즈니스 모델을 시대에 뒤떨어지지 않게 유지하고 발전시켜 가는 노력이 중요하다.

생산과 소비의 전환이 숨 가쁘게 전개되고 있는 현재에 비즈니스 모델의 혁신은 더욱 중요해진다. 기업은 시장 변화를 주시하며 자신의 경쟁력과 고유의 문화에 기반한 비즈니스 모델을 가꾸어 가야 한다. 애플, 테슬라(Tesla) 등이 일으킨 파괴적 혁신도 단순히 제품·서비스의 혁신이 아니라 비즈니스 모델의 혁신이었기에 가능했다고 할 수 있다.

한국 기업들은 ICT를 적극적으로 활용하고 있으며, 세계적인 모바일 생태계로의 전환에 발 빠르게 적응하여 시장에 안착한 기업도 적지 않다. 예를 들어, 카카오는 많은 이용자를 가진 플랫폼을 활용하여 엔터테인먼트, 게임, 택시 등 여러 가지 서비스를 제공한다. 그리고 특정 제품에 대한 소비자의 주문을 최소 수량 이상 확보하여 생산에 이르도록 매개하는 '메이커스 위드 카카오'도 선보인 바 있다. 이러한 예처럼 우리나라에서도 플랫폼을 기반으로 하는 새로운 비즈니스 모델이 확산되고 있다. 그러나 우리나라가 비즈니스의 다양한 방법론들을 적극적으로 시도하고, 세계적 플랫폼을 조성해 냈다고 하기에는 어려움이 있다.

그러므로 생산과 소비의 변화 속에서 비즈니스 모델을 어떻게 혁신할 것인가를 심도 깊게 모색할 필요가 있다. 무엇보다 프로세스별로 구분하여 미래의 변화 방향과 필요 역량을 살펴보고자 한다. 그리고 생산과 소비가 플랫폼 위주로 재편되는 새로운 현상을 직시해야 한다. 4차 산업혁명에서 생산과 소비의 결합은 강한 지배력을 행사하는 플랫폼 위에서 주로 이루어질 것이기 때문이다.

미래 생산과 소비의 혁명이 산업, 경제, 사회에 미칠 변화에 대응하여 생산과 혁신의 방식도 과거와 다른 형태로 전환되어야 한다. 우선, 실제공간과 가상공간이 통합되는 환경을 최대한 활용하여 프로세스를 혁신하기 위해 '디지털 아키텍처(digital architecture) 역량'을 강화할 필요가 있다. 디지털 아키텍처 역량이란 디지털 기술이 가치를 창출하도록 설계할 수 있는 능력을 말한다. 이는 지능정보기술을 중심으로 생산과 소비가 융합되는 미래에 특히 중요해진다. 생산자는 미래의 환경 변화에 능동적으로 대응할 수 있도록, 디지털 아키텍처 역량을 키우고, 이를 새로운 비즈니스 모델과 결합하여 사업 방식이나 프로세스를 새롭게 혁신할 필요가 있다.

생산과 소비 프로세스의 혁신은 최근 급부상하는 해외 기업들에서 더욱 뚜렷하게 나타나고 있다. 이들은 고객의 숨겨진 수요를 파악하고, 산업 생태계의 변화를 최대한 활용해서 사업 프로세스를 혁신하며 저비용 체계를 구축하고 있다. 그 결과 기존 기업이 호령하던 시장의 경쟁 구도를 재편하거나 새로운 시장을 창출하며 빠르게 성장하고 있다. 예를 들어, 과거 노키아(Nokia), 삼성, LG가 지배하던 휴대폰 시장에서 중국의 샤오미(Xiaomi, 小米), 화웨이(Huawei Technologies Co. Ltd)와 인도의 마이크로맥스(Micromax)가 주요한 플레이어로 부상해 있다. 미국의 테슬라, 중국의 BYD는 BMW, 도요타 등이 지배하던 전기차 시장에 진출하여 성공을 거두고 있다. 또한, 드론 시장의 DJI, 액션캠(action cam)[36] 시장의 고프로(GoPro)도 기존 기업의 아성을 무너뜨리고 독보적인 영역을 구축하고 있다. 이러한 생산과 소비 프로세스의 혁신은 가까운 미래에 모든 기업들에게 필수 과제가 될 것이다.

프로세스 혁신의 구체적인 방안은 기획, 연구개발(R&D), 생산, 마케팅으로 구분해서 살펴볼 수 있다. 우선, 기획 → R&D → 생산 → 마케팅이 순차적으로 이어지던 기존의 선형 프로세스가 환경에 따라 신속하고 유기적으로 변형·연계되는 구조로 전환되어야 한다. 예를 들어, 패스트패션(fast fashion)[37] 브랜드로 잘 알려진 유니클로와 자라는 기획부터 생산, 물류, 매장 관리까지 ICT로 통합 관리하는 프로세스를 만들어 신제품 출시 주기를 2주 수준으로 단축했다. 그리고 〈그림 4-2〉에 정리된 것처럼 사업 프로세스별로 다양한 변화를 도입할 수 있다. 기업들은 각자의 상황에 맞는 혁신이 무엇인지 고민할 필요가 있다.

---

36 액션캠은 야외 활동 시 헬멧, 머리 등에 부착하거나 공중 촬영 시 드론에 부착하는 초경량 카메라이다.

37 최신 트렌드를 즉각 반영하여 빠르게 제작하고 빠르게 유통시키는 의류를 가리키는 말이다.

<그림 4-2> 생산과 소비 프로세스의 단계별 혁신

프로세스	As-Is	To-Be
기획	• 경영자의 직관과 경험이 중요하게 작용하는 의사결정 • 주기적으로 이루어지는 기획 • 생산자 중심의 기획	• 데이터에 기반을 둔 의사결정 • 실시간으로 이루어지는 동적 기획 • 고객수요에 맞춰 이루어지는 기획 • 검소한 혁신
연구개발	• 기술을 개발하여 확산하는 기술중심 R&D • 독자적·목표지향적 R&D	• 고객수요를 파악하여 충족하는 고객중심 R&D • 조합형·적응형 혁신 • FastWorks 등 도입, 개방성 확대
생산	• 품질경쟁·가격경쟁 위주 • 수직계열화에 기반을 둔 대량생산	• 고객수요에 따른 맞춤형 생산 • 메이커 활성화 • 아웃소싱을 통한 유연성 제고
마케팅	• 생산 프로세스의 마지막 단계에서 제품·서비스를 고객에 전달하는 역할 • 단기간에 많은 고객에 알리기 위한 매스미디어 이용	• 고객수요를 이해하고 가치를 제안하며 생산·소비를 선도 • 다양해지는 미디어를 경제적으로 이용

■ 기획: 데이터에 기초한 고객 중심의 기획

기존의 전략 기획에서는 경영진의 직관과 경험이 중요한 역할을 했다. 그러나 사업 범위가 크게 확대되고, 환경의 빠른 변화로 불연속적인 변동이 빈번하게 발생하는 상황에서는 과거의 방식만을 고수하는 것은 유효하지 않을 수 있다. 이러한 상황에서는 빅데이터, 머신러닝 등의 기술을 이용하여 최신의 데이터로부터 최적의 답을 찾아내는 방법론을 유용하게 이용할 수 있다. 즉, 지능정보기술을 활용해 고객, 경쟁사, 시장, 생산, 재고 등의 데이터와 정보를 취합하고 종합해 의사 결정을 진행하는 것이다.

이처럼 데이터와 지능정보기술에 기반한 기법을 활용하면 상시적 기획이 가능해진다. 생산·소비 전반에 걸친 다양하고 규모가 큰 데이터를 실시간으로 분석함으로써 수요와 환경의 변화를 1년 365일 지속적으로 파악하여 대응할 수 있게 된다. 또한, 소비자 요구를 신속하게 심층적으로 파악하여 전략을 더욱 고객지향적으로 구사할 수 있을 것이다.

고객 중심 전략을 실행하려면 제품과 아이디어의 기획 단계부터 소비자 참여를 늘리는 방안을 고려할 수 있다. 레고(Lego)는 고객의 아이디어를 받아들여 이를 상품화로 연결하는 사이트를 운영하고 있다. 로봇형 레고 제품인 마인드스톰(Mindstorms)은 충성고객의 일부가 아예 제품 기획과 개발에 직접 참여하기도 했다.

한편 검소한 혁신(frugal innovation)의 관점에서 소비자가 진정 원하는 것이 무엇인지 파악하여 집중하는 전략 방식도 가능할 것이다. 검소한 혁신은 기본에 중점을 두고 소비자가 꼭 필요로 하는 기능만 갖추어 경제적인 제품·서비스를 제공하자는 개념이다. 인도의 타타 자동차(Tata Motors)는 핵심적인 주행 기능에 집중하고 사용 빈도가 높지 않은 편의 기능들을 절감함으로써 2,200달러 수준의 자동차 나노(Nano)를 개발해 큰 반향을 얻었다.

■ 연구개발: 소비자 가치 지향 및 다양한 방법론 도입

지금까지 연구개발은 경쟁우위를 확보하도록 해주는 최첨단 기술 개발 위주로 추진되었다. 그러나 미래에는 시장과 고객의 요구를 파악하고 이를 적극적으로 충족시키는 것에 초점을 맞출 필요가 있다. 기술 진보에 따른 시장의 빠른 변화는 시간과 비용을 최대한 절감하면서도 상황에 맞도록 유연하게 대응할 수 있도록 요구하고 있다.

또한, 기술이 극도로 고도화되면서 한계 돌파를 위한 기술 개발에는 막대한 비용이 소요된다. 그리고 정작 개발에 성공해도 시장에서 필요로 하는 수준을 지나치게 넘어서 버려 외면받는 경우도 많아지고 있다. 기술 중심이 아닌 고객 중심으로 연구개발의 방향성을 전환하는 것이 필요한 이유이다.

이에 따라 기존에 나와 있는 기술의 결합을 이용하는 '적응형 혁신'이 부각되고 있다. 다른 산업에서 이미 충분히 검증된 부품, 소프트웨어, 개발 도구를 결합해 새로운 결과물을 창출하는 것이다. 예를 들어, 미국의 테슬라는 저렴하고 구하기 쉬운 구식 노트북용 배터리를 대량으로 연결하여 최첨단 전기자동차의 배터리로 쓰고 있다.

또한, 연구개발의 기민성을 높이기 위한 린스타트업(lean startup), 패스트웍스(FastWorks) 같은 방식도 새롭게 주목받을 것이다. 이들은 최소 기능만 갖춘 시제품을 빨리 만들고, 고객들의 의견을 수시로 수렴하며 수정·보완을 반복해 최종 제품을 완성하는 방법론이다. 중국 텐센트(Tencent)의 'QQ 리마인더' 앱은 당초 고객의 약속, 기념일을 상기하도록 개발되었으나, 스포츠 경기 일정도 제공받기를 원하는 사용자들의 요구에 따라 수 주 동안 보완을 한 후 개선된 제품을 내놓았다. GE는 패스트웍스 방식을 활용해 고출력 가스터빈(gas turbine)을 기존보다 40% 저렴한 비용으로 2년 정도 빠르게 개발할 수 있었다.

나아가 연구개발의 개방성도 확대될 것이다. 오큘러스(Oculus)[38]는 가상현실 기기의 개발 계획을 외부에 널리 알리고 삼성, 마이크로소프트 등의 잠재적 경쟁자들과도 기술을 공유했다. 또 외부 인재들을 모아 해커톤(hackathon)[39] 같은 문제 해결형 경진대회를 개최하며 큰 성과를 거두기도 했다.

■ 생산: 제조업의 스마트화와 아웃소싱으로 유연성을 제고

제조업에서는 하드웨어에 치중하는 기존의 관점이 바뀔 것이다. 제품의 가치를 높임에 있어 소프트웨어가 중요한 기능을 하면서, 하

---

38 '오큘러스'는 미국의 가상현실(VR) 기기 기업으로, 스타트업에서 시작하여 2014년 페이스북에 인수되었으며 2016년 4월부터는 가상현실 헤드셋 '오큘러스 리프트'를 출시하여 판매하고 있다.

39 해커톤은 해킹(hacking)과 마라톤(marathon)의 합성어로, 마라톤을 하듯 24~48시간 내외의 시간 동안 쉬지 않고 기획에서 프로그래밍 과정을 거쳐 결과물을 만드는 경연을 의미한다.

드웨어는 제조 분야, 소프트웨어는 서비스 분야라는 기존의 이분법이 의미를 잃었기 때문이다.

생산과정에서 소프트웨어의 역할이 커지는 것에 대한 대응책을 마련해야 한다. 소프트웨어에 기반을 둔 제품은 판매 후에도 고객과 지속적으로 소통하며 관리·개선되는 것처럼 이전 프로세스들과 상호작용하며 부가가치를 창출할 수 있다. 테슬라는 2015년 가을, 고객이 구입한 차량에 자동조종장치인 오토파일럿(autopilot), 파워부스터(power booster), 음원 서비스 등의 기능을 와이파이로 추가할 수 있는 운영체계를 내놓은 바 있다. 고객에게 업그레이드된 기능을 일단 무료로 사용해 보게 하고, 고객이 계속 사용하는 것을 원하면 유료로 전환함으로써 지속적인 수익을 창출하게 된다.

개인 맞춤형 생산을 위한 혁신도 필요하다. 산업인터넷이나 CPS를 활용해 생산과정 데이터를 모니터링하고 최적화하며, 로봇이나 자동화 공정, 3D 프린팅 등을 접목해 생산의 유연성을 크게 높일 수 있다.

나아가 산업 생태계 전반의 혁신도 고려할 필요가 있다. 제품의 수명주기가 단축되고 수요의 변동성이 커지면서, 수직 계열화된 대량 생산 구조의 이점은 줄어들 전망이다. 이러한 상황에서 제조 아웃소싱은 대규모 고정비 투자를 회피하고, 유연성을 높이는 방편이 될 수 있다. 실제 새로운 하드웨어 제품을 개발한 스타트업 기업들은 제조위탁전문업체(Eletronic Manufacturing Service, EMS) 등에 아웃소싱하는 것을 적극적으로 활용하는 추세다.

제품과 서비스 생산에 있어 창의적인 소비자들과 협력하는 방안도 적극적으로 모색해 봐야 할 것이다. 최근 생산 활동의 진입 장벽이 낮아지면서, 상상력과 창의력을 바탕으로 개인이나 소규모 단체가 제품을 스스로 구상하고 조립·개발하는 메이커(maker) 활동이 확산되고 있다. 기존 기업들이 소비자들의 목소리를 수용해 맞춤형 생산과 혁신 활동을 강화하는 데 있어서 메이커들은 중요한 협력자가 될 수 있다. 이러한 기업 외부의 메이커들을 능동적으로 활용하려면 시제품 제작, 자금, 교육 등을 지원하고, 상호 교류와 협력이 이루어질 수 있는 장을 만들 필요가 있다. GE는 기존의 비즈니스를 수행하는 수직적 조직과 병행하여 퍼스트빌드(FirstBuild)라는 소규모 공방을 만들고, 창의적인 메이커들을 적극적으로 활용하여 스마트 가전제품을 개발한 바 있다.

■ 마케팅: 다양한 매체를 활용하여 소비자와 지속적인 관계를 유지

과거에는 영업 및 마케팅이 생산 이후 마지막 단계에서 제품·서비스를 고객에게 단순히 전달하는 역할에 그쳤다. 그러나 향후 맞춤형 소비 시대에는 가치를 제안하고, 고객의 요구 사항을 이해하며, 생산과 소비를 선도하게 될 것이다. 즉, 제품 가치사슬에 있어 영업과 마케팅이 고객의 수요를 읽어내고, 이를 기획과 연구개발에 연결하

는 역할을 수행하게 되는 것이다. 이를 위해 영업과 마케팅의 방식
도, 여러 가지 온·오프라인 매체를 활용한 고객과의 소통으로 진화
해야 할 것이다. 특히, 저비용의 양방향 홍보 매체들을 어떻게 활용
하는가가 중요해지고 있다.

예를 들어, 액션캠 기업 고프로는 고객들에게 편집 도구와 비디오
공유 플랫폼을 제공하고, 사용자들이 스스로 촬영한 영상을 업로드
하게 하여 제품을 홍보한다. 미국의 드론 기업 **3D 로보틱스**(3D Ro-
botics)는 원래 드론 커뮤니티에서 출발했는데, 드론 마니아들의 아이
디어를 적극적으로 반영하며 가격을 크게 낮춘 제품들을 만들어내
고 있다. 이와 같이 미래에는 고객을 단순한 판매 대상이 아니라, 자
사 홍보와 제품 혁신의 중요한 협력자로 활용하며 기민하게 대응하
는 것이 중요해진다.

Q 플랫폼을 통한 생산·소비 융합의 구현

■ 플랫폼 경제의 도래

플랫폼(platform)이란 '다양한 상품을 생산하고 소비하는 활동을 위
해 반복적·공통적으로 사용하는 토대'를 말한다. 제품, 부품, 서비

스, 기술, 자산, 인프라, 노하우 등 무엇이든, 이를 토대로 경제 활동이나 비즈니스가 이루어진다면 모두 플랫폼이라고 할 수 있다.

플랫폼은 4차 산업혁명 시대의 중요한 생산 양식이다. 과거 자동차 산업에서 제너럴 모터스(General Motors, GM)를 시작으로 등장하여[40] 제조업에 일반화된 플랫폼이 이제는 대부분의 산업에 확산되어 경제, 사회 변화의 축으로 부상하고 있다. 기업 차원에는 구글이나 애플 같은 플랫폼 기업들이 급격히 성장하여[41] 글로벌 상위 기업이 되었으며, 국가나 지역 차원에서는 혁신의 원천이 다원화되는 한편 산업이 글로벌 차원으로 확대되며 네트워크 구조로 변화하고 있다.

이러한 변화는 컴퓨팅을 통한 스마트한 기능이 모든 대상에 연결될 수 있게 되면서, 다수의 기업이 협력하며 다양한 효용을 이용자에게 제공할 수 있게 된 것에 원인이 있다. 네트워크에서 참여자 개체(node)와 참여자 간 연결(link)의 수가 증가할수록 이를 매개하는 플랫폼의 역할이 중요해진다. 제품과 연계된 플랫폼을 통해 제공되는 서비스가 제품 경쟁력의 주요한 요소가 되는 것처럼 시장 경쟁은 플랫폼 간 경쟁의 양상을 보이고 있다.

....

40 GM은 1923년 하나의 플랫폼을 만들고 이를 여러 모델에 공통으로 적용하는 방법을 도입하여 개발비와 생산비를 줄일 수 있었다. (출처: 최병삼 등, 『플랫폼, 경영을 바꾸다』, 삼성경제연구소)

41 2001~2015년 사이에 매출액이, 구글은 1억 달러에서 750억 달러로(연평균 62%), 애플은 54억 달러에서 2,337억 달러로(연평균 31%), 아마존은 31억 달러에서 1,070억 달러로(연평균 29%) 증가한 것처럼 대표적인 플랫폼 기업들은 급격한 성장을 보이고 있다.

또한, 소비자가 플랫폼을 매개로 생산자와 연결되어 생산 활동에 참여하는 프로슈머의 시대가 열리고 있다. 플랫폼은 생산 활동에 필요한 거래 비용을 크게 줄여줌으로써 개인도 쉽게 비즈니스를 창출하고 운영할 수 있도록 만들어 주었다. 앱스토어나 구글플레이를 통해 애플리케이션을 내놓을 수 있는 것처럼, 플랫폼은 개인이 생산 활동을 수행하는 공통분모를 제공해 준다. 개인이 이러한 공통 요소를 활용하면 핵심 역량에 집중할 수 있게 되는 효과도 얻을 수 있다.

마지막으로, 플랫폼은 산업 생태계를 형성하는 구심점이 되기도 한다. 초연결의 시대에는 다양한 자원을 가진 외부 기업과 협력하기 위한 산업 생태계의 구축을 필요로 한다. 산업 생태계는 일반적으로, 플랫폼을 설계하여 제공하는 플랫폼 기업, 이를 활용하여 제품과 서비스를 만들어 판매하는 기업 및 개인, 그러한 제품과 서비스를 구입해 이용하는 소비자로 구성된다. 이미 구글, 애플, 아마존, 페이스북 등 대표적 플랫폼 기업이 제공하는 플랫폼을 기반으로 여러 기업과 개인들이 모여들어 상품과 콘텐츠를 생산, 유통, 소비하고 있다. 공유경제의 대표적 기업 에어비앤비는 숙소 제공자와 여행객을 연결하고, 우버는 차량 제공자와 승객을 연결하는 플랫폼 생태계를 제공하고 있다.

■ 플랫폼 경제의 숙제

그러나 좀 더 거시적인 시각에서 보면, 플랫폼 경제가 활성화될수록 플랫폼을 지배하는 기업에 의한 승자독식이 생길 수 있다는 우려도 커지고 있다. 디지털 경제에서는 인기 높은 플랫폼일수록 더욱 인기를 얻고, 인기 낮은 플랫폼은 더욱 인기를 잃는 피드백 현상(양의 되먹임, positive feedback)이 일어난다. 전자상거래 플랫폼의 예를 들면, 고객들이 있는 곳에 좋은 판매자들이 모여들고, 모여든 좋은 판매자들로 인하여 다시 더 많은 고객과 판매자를 끌어모으게 되는 것이다. 이처럼 참여자들이 특정 플랫폼에 수렴하는 현상으로 인해 소수의 플랫폼 기업들이 플랫폼 경제를 주도하고 있다.

이러한 이유로 지능정보사회에서 플랫폼 중심의 산업 재편을 산업 주도권의 위기로 인식하는 시각(platform anxiety)이 있다. 즉, 소수의 플랫폼 기업이 독과점하는 구도로 글로벌 산업의 주도권이 재편된다는 것이다. 실제적으로, 미국의 한 싱크탱크가 세계에서 대표적인 플랫폼 기업들의 기업 가치를 조사한 결과 이의 70% 이상을 미국 기업들이 차지하고 있다고 한다.

플랫폼 경제에서 기업이 플랫폼의 주도권을 확보하지 못할 경우 시장 지배적 기업에 깊이 의존하게 된다. 생산과 소비의 혁명 시대에 현명하게 살아남기 위해서는 플랫폼 경제에 대한 거시적 비전을 수립하는 동시에 구체적 전략을 수립하여 능동적으로 대응해야 한다.

■ 새로운 플랫폼 경제에서의 능동적 역할 전환 필요

최근 우리 기업들도 플랫폼 전략에 관심을 갖고 전략적 움직임을 보이고 있다. 삼성, LG, SK 등 대기업들은 해외의 플랫폼 기업 인수, 플랫폼 사업 개시, 글로벌 컨소시엄 참여 등을 적극적으로 추진하고 있다. 네이버, 카카오 등 ICT 기업들도 네이버 라인, 카카오톡 등 메신저 플랫폼으로 해외 시장에서 가시적 성과를 내고 있고, 웹툰 등 콘텐츠 플랫폼도 새로운 성장 가능성을 보이고 있다.

그러나 우리 기업들이 직면한 도전은 쉽게 극복될 수 있는 것이 아닐 수 있다. 우리 기업들은 빅데이터, 인공지능, 가상현실 등 최근 4차 산업혁명으로 대두되고 있는 기술들에 있어서 선도적 위치를 보유하고 있지 않다. 즉, 가상현실 분야의 오큘러스나 인공지능 분야의 구글, 아마존 같은 선도 기업에 비하여 기술력이 부족한 형편이다.

다가오는 플랫폼 경제라는 무대에서 우리 기업들이 조연이 아닌 주연으로 떠오르기 위해서는 플랫폼의 참여자나 이용자에서 플랫폼 설계자로 역할을 전환하여야 할 것이다. 한국 기업들은 플랫폼 생태계 육성 경험이 충분하지 못하고, 한국어 문화권이 협소한 것과 같은 제약들이 존재한다. 그러나 플랫폼 생태계의 성패는 여러 변수들의 영향을 받아 왕도가 있을 수는 없으므로, 슬기로운 방안을 찾아내어야 할 것이다. 우리가 가진 한계를 극복하고 플랫폼 생태계에서 입지를 넓혀 가기 위해 다음의 방안들을 고려할 수 있다.

첫째, 고객의 수요를 파악하여 장기적 비전을 수립하여야 할 것이다. 미국 아마존의 CEO 제프 베조스는 『하버드 비즈니스 리뷰』와의 인터뷰에서 "세상이 어떻게 바뀌더라도 고객이 원하는 가치를 제공하면 고객은 외면하지 않는다."라고 했다. 경쟁사의 상품을 모방하여 값싸고 질 좋은 상품을 내놓는 과거의 성공 방정식은 플랫폼 경제에서 유효하지 않다. 경쟁사가 내놓는 알파고, 포켓몬 고 같은 새로운 상품이 관심을 끈다고 해서 전략을 수시로 바꾼다면 플랫폼 생태계를 주도할 수 없다. 이제 승부처는 빠르게 가는 능력이 아니라, 고객이 원하는 가치를 제대로 제공할 수 있는 안목과 통찰로 옮겨가고 있다.

둘째, 플랫폼을 구축하는 시작 단계에서부터 글로벌 무대를 목표로 삼아야 한다. 플랫폼 생태계에서는 자신의 힘을 과신해서는 안 되고, 더 많은 우군을 모아 그 힘을 효과적으로 활용해야 한다. 영어라는 언어적 우위와 할리우드로 대변되는 문화적 우위를 보유한 미국, 방대한 인구와 자원을 가진 중국의 플랫폼 기업들과 경쟁하며 차별성을 확보해야 할 것이다. 이를 위해서는 비슷한 전략적 상황에 처한 다른 국가의 기업들과 폭넓게 제휴하여 플랫폼을 활성화시킬 수 있는 최소한의 임계질량(critical mass)[42]를 달성해야 한다.

....

42 플랫폼 비즈니스에서 '임계질량'이란, 플랫폼이 일정 규모에 도달함으로써 참여자들이 서로를 끌어들이는 네트워크 효과가 나타나기 시작하여 자체적으로 성장할 수 있게 되는 지점을 말한다. (출처: 최병삼 등, 『플랫폼, 경영을 바꾸다』, 삼성경제연구소)

셋째, 기술만능주의에서 벗어나야 한다. 플랫폼은 플랫폼 참여자들을 위한 솔루션이자 규칙이다. 성공적 플랫폼 생태계를 구축하기 위해서는 솔루션을 발굴하는 안목, 비즈니스를 꾸준히 이끌어가는 추진력, 정교한 규칙 설계, 참여자들과의 지속적인 소통이 필요하다. 우리나라에서는 플랫폼을 기술적 요소 위주로 이해하려는 경향이 많다. 그러나 우버와 에어비앤비의 성공은, 기술적 우위보다 검색 기능과 가격 구조를 통해 제공자와 이용자의 연결을 촉진하고 리뷰 시스템을 통해 참여자들의 행동을 적절히 규제한 것이 주효하게 작용했다. 특히, 우버는 이용자의 수요에 따라 요금을 탄력적으로 부과하는 서지 프라이싱(surge pricing) 체계를 통해 수요와 공급이 적절히 이루어지도록 이끌 수 있었다.

마지막으로, 플랫폼을 구축하는 한편으로 기존의 성공한 플랫폼에 참여하는 투트랙(two-track) 전략도 구사해야 할 것이다. 플랫폼 생태계는 목적을 위한 수단일 뿐 목적 자체가 될 수는 없다. 추격자에서 선도자로 역할 변화를 시도하는 이 시점의 한국 기업에게, 플랫폼 구축이냐 참여냐의 선택은 사업 전략 수립 시 가장 중요하게 고려해야 하는 항목이 되었다. 과거에는 운영체제, 앱마켓, 클라우드, 인공지능처럼 산업을 주도하는 플랫폼은 넘볼 수 없는 영역이었지만, 향후 지능정보사회에서는 역량, 규모, 자원 등을 고려하여 우위를 확보할 수 있는 영역에서는 적극적으로 플랫폼을 구축하는 것도 고려해 볼 수 있다. 그러나 어떤 기업도 모든 영역에서 플랫폼을 구축할 수는 없는 것이며, 누구나 플랫폼을 성공적으로 구축할 수 있는 것도 아니다. 플랫폼을 확보하여 성과를 낼 가능성이 희박하다면 기존 플랫폼에 참여하는 전략이 현실적일 수 있다. 글로벌 시장에서 주도적 지위를 확보한 기존 플랫폼이 있는 경우, 우선은 이에 올라탄 후 협상력 확보나 기술 학습을 위해 자체 플랫폼에 병행하여 투자하는 전략(make and buy)을 선택하는 것이 효과적일 수 있다.

생산·소비 영역의 혁신
창출 역량 제고

미래의 글로벌 가치사슬과 플랫폼상에서 고부가가치 영역을 확보
하기 위해서는 자체적으로 혁신을 창출할 수 있는 역량이 요구된
다. 이미 세계 경제에서 부가가치 창출의 핵심은 노동, 자본 등의 요
소 투입에서 혁신 역량으로 옮겨가고 있다. 가치 있는 아이디어를 제
품·서비스로 실현하며 혁신을 창출하기 위해서는 이에 부합하는 시
스템과 인력을 갖추어야 한다.

우선, 조직이나 인력이 기술적 역량을 갖추고 개방적으로 협업할
수 있는 체계를 마련해야 한다. 혁신과 아이디어를 제품과 서비스로

실현하기 위해서는 다양한 아이디어, 경험, 역량을 보유한 인력들의 참여가 필요하다. 그러나 우리나라는 혁신을 창출하기 위한 협력이 원활하지 않은 실정이다. 61개국을 대상으로 한 국제경영개발원(IMD)의 『2016년 세계경쟁력연감』에서 산학 간 지식 전달 정도 34위, 기업 간 기술 협력 정도가 42위로 나타났다.

둘째로, 혁신을 창출할 미래 인력의 양성이 필요하다. 자동화 기술이 발전하며 단순반복 업무는 기계에 의해 대체되더라도, 고급 기능 인력에 대한 수요는 오히려 늘어날 것이다. 변화하는 생산과 소비의 환경에서 창의성이나 협업 능력으로 문제를 해결할 수 있는 인력을 필요로 한다. 우리나라는 산업화 시대가 요구하는 중·고급 인력 양성에는 성과를 거둬 왔으나, 개인의 적성에 기반한 창의적 역량의 개발은 미진한 측면이 있다. 그리고 디지털 기술에 대한 이해도의 평균적 수준은 높으나, 지능정보사회를 심도 있게 이해하고 혁신을 이끌 최고 수준의 인력은 부족한 상황이다.[43]

....

43 각국 성인을 대상으로 사회적 능력을 분석하는 국제성인역량조사(programme for the international assessment of adult competencies, PIAAC)의 2015년 컴퓨터 기반 문제 해결력 평가 결과, 우리나라에서 최고등급 비율은 3.6%로 OECD 평균 5.4%보다 낮게 나타났다.

■ 생산·소비의 변화 흐름에 맞는 새로운 혁신 방식 필요

미래에는 생산과 소비가 다양해지며, 개인 맞춤형 생산이 확산되고, 소비 트렌드가 급격하게 변화하며, 생산 혁신도 가속화될 것이다. 사물인터넷, 인공지능, 빅데이터, 로봇공학, 3D 프린팅, 클라우드 컴퓨팅 등의 지능정보기술들은 이러한 변화를 이끄는 원동력으로, 다른 기술, 산업, 사회와 유기적으로 결합되어 보다 많은 가치를 창출하게 될 것이다. 미래의 생산과 소비 변화에 대응하기 위해서는 관련 기술 개발과 혁신의 방식 또한 변화의 흐름에 맞추어 변화해야 할 것이다.

■ 4차 산업혁명 시대의 범용 기술 개발과 표준화 연계

제2장 1절에서 설명했듯이, 범용 기술(General-Purpose Technology, GPT)은 경제·사회에 중요한 영향을 미칠 수 있는 새로운 아이디어나 기술을 의미한다. 범용 기술들은 사회 대부분의 분야로 확산되고, 시간의 흐름에 따라 개선되면서 사용 비용이 낮아지며, 생산품과 프로세스의 혁신을 촉진하는 속성을 갖는다. 앞서의 산업혁명에서 증기기관, 전기, 정보통신기술이 그랬던 것처럼, 사물인터넷, 인공지

능, 빅데이터, 로봇공학, 3D 프린팅, 클라우드 등의 지능정보기술도 미래의 범용 기술로, 다른 기술, 산업, 사회와 연계되어 경제와 사회의 혁신과 발전을 가속화시켜 나갈 것이다.

기업이 범용 기술 영역에서 핵심 기술을 확보하면 시장에서 막강한 영향력을 행사하게 되어 큰 이득을 얻을 수 있다. 구글, 아마존 등은 인공지능, 사물인터넷, 빅데이터 등 이 시대의 범용 기술인 지능정보기술 분야에 많은 투자를 하며 기술과 인재를 확보하기 위해 필사의 노력을 기울이고 있다. 또한, GE, 지멘스 등의 제조 기업들도 미래의 생산·소비 혁명을 주도할 범용 기술의 표준을 주도하기 위해 산업인터넷, 스마트공장에 중점을 두어 기술 개발, 컨소시엄 구성[44] 등으로 노력하고 있다.

4차 산업혁명 시대 경쟁력의 핵심인 지능정보기술을 확보하기 위해서는 장기적 관점에서 기술을 개발하는 것이 중요하다. 원천 기술을 확보하기 위한 장기적 관점의 마스터 플랜을 수립하고, 핵심 요소 기술 도출 및 제품 개발 등이 체계적으로 연계되어야 할 것이다. 특히, 지능정보기술은 여러 영역이 융합하여 개발되는 경우가 많으

....

44 GE는 IBM, 시스코, 인텔, AT&T 등과 함께 중심이 되어 산업인터넷 컨소시엄(Industry Internet Consortium, IIC)을 운영한다. 여기에는 보쉬, 델, 삼성전자, 도시바, 도요타 등 다수의 기업들이 참여하고 있다. (출처: GE리포트 코리아, 『산업인터넷의 현재와 미래』) 또한 일본도 민간이 주도하고 정부가 지원하는 'IoT 추진 컨소시엄'을 2015년 10월부터 운영하고 있다. (출처: 사공목·주대영, 『일본의 4차 산업혁명 대응 실태와 정책 방향』)

므로, 영역 간 소통이 원활하게 일어날 수 있는 협업 체계를 마련하고 융합 연구를 활성화해야 할 것이다. 또한, 실패의 리스크가 큰 원천 기술을 확보하기 위해서는 도전적 연구가 가능한 환경을 마련해야 할 것이다.

또한, 기술 개발 시부터 비즈니스 모델을 고려함으로써, 지능정보기술이 확산되고 산업에 내재화될 수 있도록 해야 할 것이다. 지능정보기술은 제조, 금융, 물류, 소매, 교육 등의 다양한 분야에서 적용될 수 있다. 앞에서 살펴보았듯이, 애플, 테슬라 등의 기업은 단순히 새로운 기술을 적용하는 수준에서 벗어나 비즈니스 모델의 혁신을 동반하였기에 파괴적 혁신을 일으킬 수 있었다. 생산과 소비의 혁명 시대에 기업이 차별화된 경쟁력을 확보하기 위해서는 지능정보기술을 적극적으로 도입하는 동시에 기술을 활용한 구체적인 비즈니스 모델을 마련할 수 있어야 할 것이다. 이를 위해서 기업은 지능정보기술에서 우수한 역량을 보유한 기관과 공동 연구를 수행하거나, M&A 등의 방법을 활용할 수 있다. 그리고 정부는 이러한 노력에 대해 세제 혜택 부여, 공공 구매를 통한 초기 시장 형성, 기술 정보 제공 등을 지원할 수 있다.

특히, 시장 경쟁력을 확보하기 위해서는 표준화가 동반되어야 할 것이다. 아무리 우수한 기술이라도 표준으로 채택되지 않는다면 시장에서 도태될 수 있으므로, 지능정보기술을 개발하고 활용할 때 표준을 함께 확보하는 것이 필요하다. 특히, 다양한 시스템 간 호환과 서비스 간 연동으로 가치를 창출하는 스마트공장, 스마트 그리드, 스마트 공급망 관리, 스마트카, 스마트 헬스 등의 영역에서 표준을 조기에 확보한다면, 미래의 생산과 소비 혁명을 주도하는 위치로 도약할 수 있게 될 것이다.

이를 위해서는 연구개발을 추진하는 초기 단계부터 표준 동향을 조사하여 반영하고, 결과물이 표준으로 채택되는 선순환 체계를 구축하여 연구개발과 표준화 간의 연계를 강화해야 한다. 또한, 표준을 확보하고 생태계를 형성하기 위해서는 우군 세력이 필수적이므로, 국내외 기관과 전략적 제휴를 이루고 전문가 네트워크를 쌓아 가는 노력이 필요하다. 그리고 표준에 특허 등의 지식재산권을 결합한다면 단기적으로는 실시료를 확보하면서 장기적으로는 시장에 영향력을 높이는 효과를 노릴 수 있다.

■ 개방형 혁신 확대를 위한 기반 조성

개방형 혁신(Open Innovation)이란 혁신 주체들이 R&D, 상업화에 이르는 일련의 혁신 과정을 개방하여 외부 자원을 활용하는 방법론으로, 이를 통해 혁신의 비용을 줄이고 성공 가능성을 높이며 부가가치를 극대화할 수 있다. 2003년 UC 버클리 대학의 헨리 체스브로

교수가 폐쇄형 혁신[45]과 대비하여 개념화한 개방형 혁신은 생산과 소비의 혁명 시대에 중요한 방법론이 되고 있다.

우선 기업은 개방형 혁신을 통해 생산·소비의 혁신에 필요한 창의적 비즈니스 모델을 마련할 수 있다. 앞에서 우리는 생산과 소비 혁명의 주요 요소로 융합과 다양성을 제시하였다. 기술과 시장을 연결하는 새로운 비즈니스 모델은 융합을 통해 만들어질 수 있다. 개방형 혁신은 분야와 분야의 융합, 생산자와 소비자의 융합, 공급자와 이용자의 융합, 사회적 요구와 시장의 융합을 촉진시키고 기존의 기술·시장과 새로운 기술·시장과 결합하여 더욱 높은 가치를 만들어 낸다.

또한, 개방형 혁신은 기술 혁신 사이클을 경제적으로 유지할 수 있도록 해준다. 시장 경쟁이 치열해지면서 기업이 기술이나 제품의 개발에 들이는 비용이 크게 증가하고 있다. 일례로 스마트폰의 경우 시장이 상향 평준화됨에 따라 미국 애플의 연도별 연구개발비는 2010년 18억 달러에서 2014년 60억 달러로 늘어나게 되었다. 개방형 혁신은 외부 자원을 이용하여 개발 비용을 줄이고 개발 기술을 매각하여 수익을 늘림으로써 기술 혁신의 지속가능성을 높일 수 있게 해주므로, 세계적으로 개방형 혁신이 이루어지는 영역이 확대되고

---

45 '폐쇄형 혁신'이란 아이디어 발굴, 연구, 개발, 상업화의 과정이 단일 기업 내에서 모두 이루어지는 방식을 말한다. (출처: 김석관, 「Chesbrough의 개방형 혁신 이론」, 『과학기술정책』, 2008. 9.)

방식도 다양해지는 추세이다. 일례로, 구글은 2013~2015년의 3년간 133억 달러 정도를 벤처 기업에 투자하였다. 테슬라도 자사가 보유한 전기자동차 특허를 타 기업이 무상으로 이용하도록 하는 개방형 혁신 방식으로 산업 생태계의 주도권을 확보하고자 하고 있다.

그러나 우리나라에서는 개방형 혁신이 활발하게 이루어지지 못하고 있는 상황이다. WEF에 의하면 한국 기업의 신기술 흡수 적극성은 2011년 8위에서 2016년 28위로 하락하였고, IMD에 의하면 동 기간에 산학 간 지식 전달이 25위에서 34위로 낮아졌다고 한다. 그리고 2014년도 연구개발 활동 조사에 의하면, 우리나라 기업들이 내부적으로 사용한 연구비는 92%인 반면 외부로 지출한 연구비는 8%일 정도로 폐쇄성을 보이고 있다. 산업기술진흥협회의 조사에 따르면, 기업들이 개방형 혁신을 주저하는 것은, 외부 기관에 대한 정보 부족과 기술 유출에 대한 우려가 주요한 원인으로 작용한다고 한다.

변화의 흐름에 부응하고 보다 효과적인 기술 개발을 위해서는 우리나라도 개방형 혁신을 보다 적극적으로 확대해야 할 것이다. 이를 위해서는 산학연의 연구 주체들은 혁신 전략에 대한 인식을 바꾸어, 조직 내부와 외부의 네트워크를 효과적으로 관리하며 열린 문화를 조성해 나가는 동시에, 글로벌 기술 리더십을 확보하는 것이 무엇보다 필요하다. 개방형 혁신이 유용한 방법론이라고 해도 조직이 내부의 혁신 역량을 갖추어야만 외부 기술을 보완적으로 사용할 수 있는 것이다.

또한, 정부는 개방형 혁신의 확산을 보다 촉진하고, 개방형 혁신을 저해하는 요인을 해소해 줄 수 있도록 해야 할 것이다. 이를 위해서는, 정부 R&D에서 수요자 중심의 산학연 공동 R&D를 지속적으로 확대하고, 기획, 평가, 관리의 개방성을 높이는 것이 필요하다. 개방형 혁신을 촉진하고 개방과 소통을 증가시키기 위해서는 시민들이 혁신에 참여하여 소통하는 리빙랩(Living Lab)[46]이나 과학적 성과물을 개방하는 오픈 사이언스(open science)를 확대하는 방안을 고려할 수 있다. 그리고 연구개발의 글로벌 협력을 전략적으로 강화할 수 있도록 지원해야 할 것이다. 이와 함께, 개방형 혁신의 과정에서 기술 유출로 인한 피해가 발생하는 것을 방지할 수 있도록 관련 제도를 강화하는 것이 필요하다.

....

46 '리빙랩'이란 사용자 주도형 혁신 모델의 하나이며, 연구소의 폐쇄적 환경으로부터 벗어나 특정 공간에서 사용자들이 참여하는 가운데 문제 해결 방안을 도출한다.

■ 인재 육성의 중요성

과거와 다른 미래의 생산과 소비의 혁신을 이끌어 갈 수 있는 인재의 역할이 더욱 중요해질 것이다. 4차 산업혁명 시대에 경쟁력을 강화하기 위해 전체 시스템을 기획하고 이끌어갈 핵심 인력을 확보하려는 인재전쟁은 더욱 격화될 전망이다. 비록 인공지능과 로봇의 발달에 따라 개별 작업에는 사람보다 우수한 기계가 등장하더라도 사람이 전혀 필요 없는 사회란 있을 수 없기 때문이다.

그러나 미래 지능정보사회에 필요한 인재의 개념은 현재와 크게 달라질 것이다. 즉, 주어진 작업 수행에만 전념하는 '기능적 인재'나 주어진 문제의 해결 방법 탐색 정도가 가능한 '응용형 인재'가 아닌, 해결할 문제 자체를 찾아 새롭게 정의하고 새로운 비즈니스를 창조하며 가치를 창출할 수 있는 '창의적 인재'가 필요해질 것이다. 생산과 소비의 혁명을 이끌어갈 미래형 인재를 육성하기 위하여 우리가 노력할 점을 인재 육성 시스템, 인력을 활용하는 기업, 인력의 질 관점에서 살펴보기로 한다.

▣ 미래 인재가 성장할 수 있는 기반 마련

4차 산업혁명의 시대에 맞는 인재를 양성하기 위해서는 기존의 교육 방식과는 다른 성장의 터전을 제공해야 할 것이다. 스스로 끊임없이 혁신해 가면서 주변을 둘러싼 사람, 사물, 기술과 네트워킹하고 협력하는 미래의 인재는 일정한 틀 속에서 키워질 수 없기 때문이다. 변화를 이끌어갈 인재들이 제대로 성장할 수 있도록, 현재의 틀에서 벗어나 새로운 기반을 구축해 주고 지속적으로 투자하는 것이 중요하다.

새로운 인재 창출의 기반을 마련하기 위해서 현재의 몇 가지 제약조건부터 살펴볼 필요가 있다. 습득한 지식의 질과 양을 평가하는 문제풀이 시험을 통해 일률적으로 사람의 등급을 매기고, 그 결과에 따라 대학, 직업, 직장을 결정하는 현재의 교육 시스템은 미래에 더 이상 적합하지 않다. IBM의 인공지능 왓슨(Watson)이 인간 퀴즈 챔피언을 물리친 사례는 지식의 암기량이 인재 선발의 기준이 될 수 없다는 점을 여실히 입증하고 있다.

이러한 문제를 개선하기 위해서는 우선 문제풀이 시험 방식에 최적화된 인재 양성 시스템에서 벗어나 새로운 시대에 맞는 교육 시스템을 설계해야 할 것이다. 특히 초·중·고 기초 교육에서는 규격화된 인재가 아니라 스스로 성장할 수 있는 기본 소양을 갖추도록 현대사회 생활에 필요한 내용들을 중심으로 교육 커리큘럼을 혁신해야 할 것이다.

전문 인재의 양성과 관련해서는 국내 이공계 대학원의 교육과 연구 간 괴리의 해소가 중요한 과제의 하나이다. 우리나라 이공계 대학원생이 연구 프로젝트에 참여해 가장 많이 수행하는 작업은 '실험, 계산 등 실제 연구 및 데이터 수집(81.6%)'이라고 한다. 새로운 개념 설계나 프로젝트 운영 등 실제 사회에서 활용 가능한 역량의 개발이 아닌 기계적 업무에 여전히 매몰되어 있는 것이다. 교육, 논문, 취업이 각각 분리된 현재 시스템에서 벗어나 상호 연계를 통해 능동적 연구자를 키워나가야 할 것이다.

■ 개인의 필수역량이자 국가의 성장전략으로서 디지털 문해력 제고

기술이 인간의 삶을 총체적으로 변화시키는 기술 주도 사회에서 디지털 문해력은 미래 인재의 필수 역량으로 자리 잡을 것이다. 디지털 문해력은 정보에 기반하는 디지털 환경을 이해하고, 이를 생활에 활용하는 능력을 의미한다. 디지털 문해력의 배양은 정보의 생산·소비에 필요한 비판적 사고와 창조적 역량을 갖추는 데 있어 기본 요건이 될 것이다.

국가 차원에서도 미래의 생산과 소비의 흐름을 주도할 인재를 양성하기 위해 국민 전체의 디지털 문해력을 체계적으로 향상시키는 것이 필요하다. 이러한 디지털 문해력의 향상은 단순히 디지털 기술의 활용 능력을 넘어선다. 즉, 기술을 현실 문제의 해결에 적용하는 능력, 데이터의 이면을 꿰뚫어 볼 수 있는 비판적 사고와 창조적 역량, 신기술의 사회·문화적 작동 원리에 대한 이해력 등을 포괄하는 측면에서 접근해야 할 것이다.

특히 디지털 문해력에 있어 강조될 부분은 디지털 혁신에 대한 가치 판단 능력이다. 구글의 딥마인드(DeepMind) 팀에게 이세돌과 알파고의 바둑 대결은 인공지능의 발전을 보여주는 이벤트 이상의 의미를 가졌다. 즉, 알파고의 약점을 모두 점검할 수 있었던 귀중한 기회이자 미래 기술 개발 방향의 중간 점검 지점이었다. 개인들도 지능정보기술의 수동적 활용을 넘어서 기술의 사회·문화적 가치를 이해하고, 이를 수백 배로 확대시킬 수 있는 역량을 키워야 한다.

이렇듯 중요한 디지털 문해력을 증진시키기 위해, 정부는 개인, 사회의 디지털 문해력을 향상시킬 정책을 효과적으로 기획하고 실행해야 한다. 다행히 국내에서는 이미 초·중등 교육과정에서 디지털 교과서나 디지털 기기를 활용하고, 소프트웨어 교육 등 정규 커리큘럼을 마련해 디지털 문해력을 증진시키고자 노력하고 있다.

다만 이러한 노력을 통해 확보된 기본 소양 차원의 디지털 문해력을 국가의 성장과 혁신에 연결시키려면 더욱 체계적인 전략이 필요하다. 예를 들어, 초·중등학교의 디지털 문해력 관련 교육 과정을 개인 창업이나 고등교육과 연계하는 방안을 검토할 수 있다. 기기 활용력과 소프트웨어 코딩 능력만으로는 지식·정보 경제를 성장시킬 수 없다. 혁신 아이디어가 아무리 좋아도 디지털 기술로 구현할 수 없다면 무의미하다. 이 두 가지를 연결할 수 있는 장기적인 전략과 실행 계획이 필요하다.

또한, 디지털 문해력 증진을 위한 교육과정의 효과적인 진행을 위해서는 목적에 적합한 진단 및 학습 도구가 개발되어야 할 것이다. 즉, 창의적 디지털 역량(digital capability) 관점에서 디지털 문해력을 진단하고, 그 결과에 맞춰 학생들을 학습시킬 수 있는 지능형 교구와 교재가 개발되고 활용돼야 한다. 기존의 디지털 문해력 진단 및 학습은 단순히 디지털 미디어를 찾고 읽는 수준에 머물러 있었다. 그러나 앞으로는 프로그래밍, 컴퓨터의 알고리즘 사고 체계를 이해하고 구현하는 등, 인간과 기계가 협업하는 지능정보시대의 새로운 환경에 적합한 진단과 학습 과정을 개발해야 할 것이다.

마지막으로 디지털 문해력 향상을 위한 교육과정 설계에서 수요자를 더욱 중요하게 지향할 필요가 있다. 현재 디지털 문해력 교육은 가르치는 주체 위주로 설계되어 실제로 교육을 이수하는 대상자에 대한 고려가 부족하다는 점이 지적된다.

Chapter.

03절

제도와 인프라의 마련

생산과 소비의 혁명을 뒷받침하기 위해 공공의 영역에서 제도와 인프라를 마련하는 것이 필요하다. 기존의 생산·소비 과정에서 형성된 제도와 인프라가 변화하는 환경에서 부적합한 부분들을 드러내고 있다. 환경은 변화하는데 제도와 인프라는 경직된 모습만 보인다면, 생산·소비의 발전을 저해하는 걸림돌이 될 수 있다.

생산과 소비를 제약하는 규제를 개선하는 한편, 새로운 기술이나 비즈니스에 내포된 부정적 영향을 방지하도록 제도를 정비해야 한다. 생산과 소비가 정교해지고 지능정보기술에 기반한 비즈니스 모델이 나타나면서 새로운 이슈들이 속출하게 된다. 예를 들어, 소비자가 이용하는 제품으로부터 현재 위치, 이용 내역 등의 데이터를 수집하는 것은 개인정보보호법에 의해 제한 받는다. 그리고 드론, 자율주행자동차 등은 유망 산업으로 기대를 받고 있지만 안전성 보장을 위한 기준을 필요로 한다. 또한, 인공지능에 의한 창작과 맞춤형의 온디맨드 생산이 활발해짐에 따라 지식재산권 제도에도 변화가 요구된다.

이와 함께 미래의 생산·소비를 담아낼 수 있는 인프라를 마련하는 것이 필요하다. 미래에 가치 창출의 원천이 되는 데이터를 원활히 이용하려면, 사물인터넷의 본격 도입으로 인한 데이터 흐름의 폭증에 대비해야 한다. 그리고 제품 생산의 중심으로 자리 잡을 스마트공장의 핵심기술과 표준을 확보하고 산업 전반에 확산시키는 전략이 필요하다.

 ## 생산과 소비 혁신에 부합하는 제도 정비

▪ 사회적 합의에 기초한 신산업 규제 개선

4차 산업혁명의 전환기에 신산업의 태동과 도약을 지연시키는 기존의 규제를 개선해야 한다. 도로에 신호등이 필요하고 축구 경기에 규칙이 필요한 것처럼 본래 규제는 산업에 필요한 부분이다. 그러나 기술과 사회가 변화하는데도 당초의 목적과 달리 변질되어 적용된다면 생산·소비의 발전을 가로막게 된다. 이전에 이동통신 기기에 연결하여 혈당을 간편하게 측정할 수 있는 당뇨폰이 검사와 인증을 수행할 기관과 관련 규정이 존재하지 않아 국내 사업화가 늦어진 것은 유명한 사례이다. 규제를 포지티브 시스템에서 네거티브 시스템으로 전환하고, 예측이 용이하도록 운영해야 한다는 목소리가 높아지고 있다. 규제는 시민의 권리, 의무뿐 아니라 건강, 안전과도 밀접하므로, 이의 개선에는 공감대 형성에 기반한 사회적 합의가 선결되어야 한다.

향후 생산과 소비의 혁명에서 데이터는 중요한 자원이 될 것이다. 그럼에도 데이터 활용의 일차 관문인 개인 정보 보호에서 해결되지 않은 제도적 공백이 존재한다. 어떻게 하면 데이터 활용에 의한 경제적 혜택과 개인의 사생활 보호가 상충하지 않고 조화를 이룰지가 중요하게 다루어져야 한다. 현재는 개인 정보의 범위가 포괄적으로 해석되고, 비식별 조치[47]의 적정성 판단이 곤란한 경우가 많다. 그리

---

47 비식별 조치란 정보의 집합물에서 개인을 식별할 수 있는 요소를 전부 또는 일부 삭제하거나 대체하는 등의 방법을 통해 개인을 알아볼 수 없도록 하는 조치이다. (출처: 미래창조과학부 등, 「부록1: 개인 정보 법령 통합 해설서」, 『개인 정보 비식별 조치 가이드라인』, 2016. 6., 57쪽)

고 개인 정보를 수집하여 활용하려면 엄격한 사전동의 절차가 필요하다. 이러한 장애를 극복하기 위해 '개인 정보의 범위'와 '비식별 조치'의 기준에 사회적 합의를 이루어야 한다. 일정한 목적 내에서는 별도의 절차 없이 개인 정보를 수집하고 이용할 수 있도록 하는 '포괄적 사전동의'나 '사후거부' 제도가 도입될 필요가 있다.

미국과 일본에서는 '주인'을 알아볼 수 없는 비식별 정보는 개인 정보로 간주하지 않고 활용할 수 있다. 특히, 일본은 2015년 8월 빅데이터 활용을 활성화하기 위해 개인정보보호법을 개정했다. 사물인터넷에 기반한 새로운 서비스를 제공하려면 개인 정보를 실시간으로 수집·이용해야 함에도, 우리는 그동안 개인 정보 보호와 관련한 까다로운 법규와 폭넓은 사전동의 규정 때문에 기업들의 신사업 추진에 어려움을 겪어 왔다. 이러한 상황에서 2016년 6월, 우리 정부가 개인 정보 비식별화 기준과 방법을 담은 가이드라인을 발표한 것은 큰 의미가 있다. 앞으로 '개인정보보호법', '정보통신망법' 등 관련 법령의 개정 논의도 있을 것으로 기대된다. 이 과정에서 개인 정보 침해나 오·남용을 방지하는 방안과 종합적 시스템이 마련되어야 할 것이다.

또한, 신산업으로 떠오르는 드론이나 자율주행자동차 분야를 키워가면서도 안전성을 보장하기 위한 규제 개혁도 중요하게 논의될 전망이다. 드론에 대한 규제가 비교적 느슨한 중국에서 성장한 DJI는 세계 상업용 드론 시장의 70%를 장악하고 있다. 미국은 9·11테러 같은 사건을 방지하기 위해 드론에 대한 빗장을 걸어 잠가 오다가 2016년 8월에 규제를 획기적으로 완화한 바 있다. 우리나라도 2014년 이래 수차례 개최된 '규제개혁장관회의 및 민관합동 규제개혁 점검회의'를 통해, 드론의 활용이 국민의 안전과 안보를 저해하지 않는 선에서 비행 승인 절차를 간소화하는 등의 성과를 거두었다. 다만, 드론이 첩보나 범죄, 테러의 목적으로 이용될 수 있고, 도심에서 추락할 경우 인명과 재산의 큰 손실이 예상되므로 허용 범위나 운용 방식에 사회적 합의가 필요할 것이다.

그리고 자율주행자동차의 안전과 관련한 기준을 마련하는 것도 중요한 과제이다. 현재는 자율주행자동차나 부품의 성능 기준이 마련되어 있지 않은 상황이다. 또한, 사고가 났을 때 누구에게 책임을 물을지도 중요한 이슈이다. 그나마 자율주행이 부분적으로 이루어진다면, 조작에 최선을 다하지 않은 운전자나 결함이 있는 차량을 만든 제작사에 책임을 물을 수 있다. 그러나 완전 자율주행의 경우, 아무런 조작도 하지 않는 탑승자에게도, 정부로부터 결함이 없다는 인증을 거쳐 차량을 내놓은 제작사에게도 책임을 묻기가 어려워질 수 있다. 즉, 사고가 났는데도 누구에게 책임을 물어야 할지 판단하기 힘든 상황이 발생하는 것이다.

또한, 만만치 않은 윤리적 딜레마도 존재한다. 2016년 6월 『사이언스』지에는, 자율주행자동차 전방에 갑자기 열 명의 보행자들이 나타나 직진하면 보행자들이 죽지만 핸들을 꺾으면 차량이 콘크리트 벽에 부딪혀 탑승자가 죽게 되는 경우에 대한 연구가 실렸다. 이러한 경우 단순히 최대다수 최대행복의 원칙을 따른다면 탑승자 한 명을 희생시키겠지만, 소비자 입장에서는 유사시에 자신을 죽이도록 프로그래밍된 차를 이용해야 한다는 것이 되므로 쉽지 않은 문제이다.

■ 공정한 경쟁 보장을 위한 규제 설정

기술 진보에 따라 등장한 신흥 기업들은 새로운 비즈니스 모델을 창조하여 시장 구조를 바꾸고 있다. 우버나 에어비앤비처럼 개인 간의 공유경제 거래에 기초한 기업들은 차량 공유와 공실 대여 사업의 경쟁이 지역 단위에서 이루어지던 것을 세계적인 규모로 키웠다. 기존의 기준으로는 이들이 택시 기업인지, 호텔 기업인지, 아니면 소프트웨어 제공자인지 구분하기가 쉽지 않다. 이로 인해 기존의 오프라인 사업자들로부터 인터넷 기업들이 자신들과 같은 전통적인 규제를 따르지 않는다는 불만이 터져 나오고 있다. 이 같은 새로운 경쟁 양상과 규제의 비대칭적 적용은 향후 전 산업에 걸쳐서 지속적인 이슈가 될 것이다.

비슷한 문제는 아마존, 페이스북, 구글 등과 같은 거대 플랫폼 기업에 대해서도 나타난다. 이들은 대부분의 서비스를 무료로 제공하므로 전통적 관점에서는 독과점이라고 볼 수 없다. 그러나 실질적으로는 온라인 광고나 거래 시장의 참여자들에게 상당한 영향력을 행사하고 있다. 이는 신용카드 회사가 판매업자들에 영향력을 갖는 것과 비슷하다. 이러한 문제는 국내 대형 포털 및 배달 애플리케이션과 참여자 간의 관계에서도 유사하게 나타난다. 따라서 적자생존의 원칙이 작용하는 시장 환경을 조성하는 한편으로, 시장 지배적 사업자의 영향력 남용을 방지하여 공정거래가 이루어지도록 하는 제도의 마련이 필요하다.

■ 지식재산권 제도의 정비

미래의 생산과 소비에서 특허, 저작권, 디자인 등의 지식재산권도 크나큰 변혁을 겪을 것이다. 세계 주요국에서는 국가나 기업 차원에서 미래에 대비한 지식재산 전략을 추진하고 있다. 예를 들어, 일본은 2016년 5월 '지식재산 추진계획 2016'에서 4차 산업혁명 시대에 대비한 지식재산권 혁신을 주요 전략 중 하나로 설정했다.

미래에는 생산과 소비의 변화에 따라 지식재산권 분야에서 새로운 이슈들이 등장할 것이다. 현재까지 지식재산은 사람에 의해서만 창작되었으나, 미래에는 인공지능을 이용해서 창작하는 경우가 늘면서 개념 자체의 전환이 일어날 것이다. 또한, 개방적인 혁신 과정에 참여하는 다수의 사람들 간에 권리의 배분을 둘러싼 분쟁이 증가할 수 있다. 다른 한편으로, 글로벌 차원의 장벽이 허물어짐에 따라 국내에 국한된 지식재산권 보호는 무의미하게 된다. 그리고 인공지능, 가상현실, 증강현실 등의 기술에 콘텐츠가 결합하는 등으로 지식재산 간의 융합도 증가하며 새로운 종류의 지식재산권도 생겨날 것이다.

지식재산 창작의 양상이 변화하는 것에 맞추어 권리를 부여하고 보호하는 새로운 기준을 마련해 가야 한다. 현재의 제도는 지식재산을 창작한 사람에게 권리를 부여하여 보호하고 있다. 그러나 앞으로는 사람이 인공지능을 이용하여 창작하거나 인공지능이 자율적으로 지식재산을 만들어내는 경우가 증가하면서, 기존 제도와 부합하지 않는 부분들이 생겨날 것이다. 누군가 인공지능을 이용하여 기존의 소설, 역사 기록, 뉴스 등으로부터 새로운 소설을 창작했다면, 창작자, 기존 자료의 권리자, 인공지능 알고리즘 개발자 사이에 권리를 어떻게 인정해야 하는 것일까? 그리고 미래에는 데이터가 가치 창출의 원천이 된다는데 데이터베이스에 어떠한 권리를 부여해야 혁신의 동기를 제공하면서도 권리의 남용을 방지할 수 있을까?

이러한 이슈들에 대해 기준을 마련해 가는 것과 함께, 지식재산권을 보호하기 위한 국제 공동의 노력을 구하는 것도 필요하다. 국경을 초월하여 세계의 영화, 드라마, 음원 등의 콘텐츠를 이용할 수 있는 현재에도 불법적 복제와 유통을 방지하는 것은 어려운 문제이다. 연결성이 더욱 높아지는 미래에 이러한 문제가 한층 더 어려워질 것은 불을 보듯 뻔한 일이다. 더욱이 3D 프린터의 이용이 늘어나면서 물리적 제품까지도 3D 캐드(3D CAD) 파일만 있으면 쉽게 복제할 수 있게 된다. 그러므로 지식재산권 보호를 위한 제도와 기술적 조치를 마련하는 국내적 조치를 넘어 국가 간의 공조가 필요하다. 또한, 지식재산권 보호와 관련한 글로벌 차원의 협의에도 적극적으로 참여하여 국익을 보호해야 한다.

그리고 지식재산권 행정을 한층 더 선진화해야 한다. 4차 산업혁명 시대에 혁신 주기가 크게 단축되면서 특허 심사 기간을 단축하는 등으로 특허심사 과정을 개선할 필요가 있다. 그러나 이때 속도와 품질 간의 균형도 고려해야 한다. 시장의 빠른 변화에 맞추어 특허권자가 권리를 신속히 부여받아 활용하는 것은 바람직하나, 심사기간 단축만을 목표로 삼다가 특허에 내재된 결함을 확인하지 못해 결국 무효가 된다면 특허권자가 오히려 피해를 볼 수 있기 때문이다. 그리고 기술 개발 성과에 대해 특허권 대신 금전적 보상이나 명예를 부여하는 'R&D-프라이즈 모델'을 도입하는 것도 검토할 수 있다. 또한, 미래에는 개인이나 스타트업의 생산 활동이 증가할 것이나, 지식재산권 관리에서 경험도 부족한 경우가 많고 비용상 어려움이 예상되므로 국가의 재정적·행정적 지원을 확대할 필요가 있다.

데이터 및 시스템 인프라 강화

■ 데이터 인프라의 강화

사물인터넷의 이용이 확산되고 인공지능을 포함한 지능정보기술이 발전하면서, 데이터는 생산과 소비의 융합적 혁명에서 핵심 요소로 부각되고 있다. 사물인터넷은 네트워크에 연결되는 사물이 증가한다는 차원을 넘어 수집되는 데이터의 종류와 양을 폭발적으로 증가시킨다. 이는 데이터 활용을 통한 가치 창출의 획기적인 기회가 된다. 나아가 지능정보기술은 수집되는 다량의 데이터를 분석함으로써 각 분야에서 필요로 하는 최적의 솔루션을 제공할 수 있다.

이에 발맞추어 데이터 인프라가 적절하게 구축되어야 기업과 개인들은 만물(萬物)에서 생성되는 데이터로부터 무궁무진한 가치를 창출할 수 있다. 데이터는 소비자 맞춤형 서비스와 마케팅의 제공, 비용과 에너지의 효율화, 리스크에 대비한 안전성의 확보, 의사 결정의 최적화 등에 활용될 수 있다. 이와 같이 데이터는 새로운 비즈니스 모델을 창출하고, 기존에 산업들을 구획 짓던 경계를 허물며 융합을 촉진하는 원동력이 되는 것이다.

미국의 GE는 자사의 선박·항공기 엔진, 발전소 터빈, 의료 기기 등에서 수집한 데이터를 실시간 분석해서 고객에게 제공하여 효율을 1% 높임으로써 연간 200억 달러의 이익을 얻을 것으로 내다보고 있다. GE의 이러한 서비스를 이용하는 이탈리아의 알리탈리아(Alita-lia) 항공사는 연간 1,500만 달러의 연료비를 절감하고 있다. 또한, 일본의 중장비 기업 고마쓰(小松)는 전 세계에 걸쳐 판매된 40만 대 정도나 되는 건설장비들의 가동 상황 데이터를 분석하여 수요 예측, 제품 수리, 중고품 평가 등에 활용한다. 이를 통해 동종 업계를 뛰어넘는 10% 이상의 영업이익률을 올릴 수 있었다.

해외 선진기업들은 데이터를 시장 개척이나 마케팅, 매출 증대, 운영 비용 절감, 소비자 행동에 효과적으로 활용하고 있지만, 우리나라는 아직까지 빅데이터의 활용이 더디게 확산되고 있다. 2015년 기준으로 민간의 빅데이터 활용률이 10%에도 못 미치는데,[48] 이는 글로벌 기업 평균인 30%보다 매우 낮은 수준이다.

우리나라에서 데이터의 활용이 이처럼 미진한 이유는 무엇일까? 대한상공회의소 보고서에 의하면, 국내 기업들에게 '데이터 분석 역량 및 경험 부족'이 빅데이터 활용의 가장 큰 걸림돌이 된다고 한다. 게다가 일부 대기업이나 통신·금융·인터넷 기업을 제외한 대부분의 기업에서는 신뢰할 수 있는 데이터를 확보하는 것마저 어려운 상황이다. 한국정보화진흥원(NIA)에 의하면, 70% 이상의 기업이 분석할 만한 내부 데이터를 보유하고 있지 못한 것으로 조사되었다. 그리고

---

48 한국의 2015년도 12월 말 기준 빅데이터 기술 및 서비스 이용률은 회사 법인(2.1%), 회사 이외 법인(5.7%), 국가/지방자치단체(13.2%)로 조사되었다. (출처: 『2016 정보화통계집』, 미래창조과학부, 한국정보화진흥원, 2016. 12. 15.)

한국IDG 사(International Data Group, Inc)의 조사에서도 기업들은 빅데이터를 도입하려 할 때 가장 어려운 문제로 '신뢰할 수 있는 데이터 확보(64%)'를 꼽은 바 있다.

'데이터'는 사회·경제 시스템의 효율적 운영, 기업의 비즈니스 모델 개발과 프로세스 최적화에 필요한 자원이다. 이러한 데이터의 가치를 높이려면 공공 데이터, 민간 데이터, 개인 데이터와 함께 사물인터넷 데이터가 체계적으로 수집되어 유통·활용될 수 있어야 한다. 이를 위해서는 중장기적인 '국가 데이터 전략'을 마련해야 하며, 기업이나 개인이 데이터를 자유롭게 활용할 수 있는 환경을 구축하는 것이 시급하다. 2016년 7월 우리나라는 세계 최초로 사물인터넷 통신을 위한 전용망을 전국적 단위에서 구축했다. 그리고 2016년 12월, 기술·산업·사회를 아우르는 국가 전략인 '제4차 산업혁명에 대응한 지능정보사회 중장기 종합대책'을 수립하면서 데이터를 기술 분야의 핵심과제로 선정하고, 국가 데이터 관리체계 확립, 데이터 유형별 유통·활용 촉진, 데이터 전문기업·인력 육성 등 데이터의 수집·유통·활용 인프라 강화를 추진할 계획임을 밝혔다.

그리고 데이터 인프라에는 철저한 보안이 확보되어 있어야 한다. 미래 생산·소비의 근간이 되는 초연결 네트워크는 다양한 요소들이 결합되므로 여러 곳에서 보안상 취약점을 안게 된다. 악의적 침해로 인하여 개인 사생활이 유출되거나, 데이터 조작을 통해 인명 사고나 사회적 재난까지 일어날 수도 있다. 따라서 데이터 인프라의 구성 요소는 물론이고 시스템 전체의 관점에서 보안을 강화하기 위한 대응책도 마련할 필요가 있다.

■ 스마트공장의 확산과 핵심기술 확보

스마트공장은 제품의 기획, 설계, 제조, 유통, 판매 등의 과정을 정보화하여 자동화와 실시간 연동이 이루어진 공장을 의미한다. 스마트공장은 인적·물적 자원을 최적화하고 생산 시스템의 생산성과 유연성을 높임으로써 다변화된 시장 요구를 효과적으로 충족할 수 있도록 해준다. 스마트공장을 구축함으로써 기획·설계 단계에서 제품 시뮬레이션을 통해 맞춤형 제품을 단기간에 개발할 수 있다. 그리고 제조 단계에서 제품, 자재, 시스템 간 실시간 통신으로 다품종 제품을 효율적으로 만들고, 유통·판매 단계에서 협력 기업과 긴밀한 협력을 이룰 수 있도록 해준다.

세계적으로 스마트공장 요소 기술의 혁신과 융합이 일어나고 있다. 이러한 가운데 글로벌 선도기업들은 전문 분야를 바탕으로 사업 영역을 확대하며 시장지배력을 강화해 가고 있다. 지멘스(Siemens)나 록웰오토메이션(Rockwell Automation)은 거의 모든 산업 분야의 공장 자동화 하드웨어와 소프트웨어를 제공한다. 미쓰비시 전자의 경우 공장 자동화 기기와 제어 솔루션을 보유하고 있으며 공장 전체를 다루는 패키지형 솔루션으로 넓혀 가고 있다.

우리나라는 현재 스마트공장 핵심기술의 대부분을 해외에 의존하고 있다. 전사적 자원관리(enterprise resource planning, ERP), 생산관리시스템(manufacturing execution system, MES) 등의 솔루션과 네트워크는 기술 수준이 크게 뒤지지 않는 편이다. 그러나 캐드(CAD)나 이미지 센싱(image sensing)은 대부분 지멘스, 록웰오토메이션 같은 해외기업에 의존한다. 프로그램 가능 논리 제어 장치(programmable logic controller, PLC) 설비는 국내 전문기업들이 시장점유율을 일정 부분 확보하고 있으나, 글로벌 기업이 지배하는 최고급품 시장은 진입에 어려움을 겪고 있다(〈그림 4-3〉 참조).

〈그림 4-3〉 스마트공장 주요 요소 제품의 국내 기술 수준

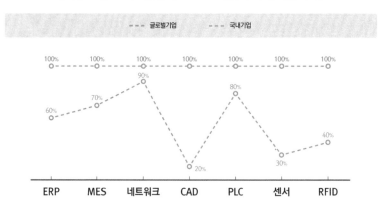

출처: 이규택·이건재, 「스마트공장 R&D 로드맵 소개」, 『KEIT PD Issue Report』, 한국산업기술평가관리원, 2015. 11., 19쪽.

그리고 우리나라는 스마트공장의 구현에서 기업 규모별로 편차가 나타난다. 스마트공장의 구현 수준은 기초, 중간1, 중간2, 고도화의 4단계로 구분할 수 있다([표 4-1] 참조). 대기업들은 보통 중간2 이상의 스마트공장을 구현하고 있으나, 대다수 중소기업은 기초 이하의 수준에 머물고 있다. 즉, 대기업들은 통합적 자동화·지능화가 이루어져 있으나, 대부분의 중소기업은 이러한 시스템을 충분히 도입하지 못한 채 기껏해야 부분적으로만 갖추고 있는 상황이다.

[표 4-1] 스마트공장의 수준별 구현 형태

구분	기초	중간1	중간2	고도화
공장 운영	생산 이력 및 불량 관리	실시간 생산 정보 수집 및 관리	실시간 공장 자동제어	설비 및 시스템의 자율 생산
자동화 설비	바코드·RFID 활용 기초 데이터 수집	센서 등 활용 설비 관리	PLC 활용 실시간 시스템 연동	다기능 지능화 로봇과 시스템 간 유무선 통신

출처: 고재진·이규택, 「스마트공장 현황 및 시사점」, 「KESSIA Issue Report」, 한국정보산업연합회, 2015, 10쪽.

생산과 소비의 융합적 혁명에서 중요한 역할을 하는 스마트공장을 확산하는 것이 필요하다. 이를 위해 정부는 기업들의 스마트공장 설비투자와 맞춤형 도입 컨설팅을 지원하고, 모델 공장을 만들어낸 후 확산해 갈 수 있다. 이와 함께 대기업과 중소기업이 파트너십을 이루어 협력하는 것이 필요하다. 생산 시스템의 혁신은 개별 기업의 공정뿐 아니라 공급망 전체에 걸쳐 이루어져야 성과를 극대화할 수 있다. 제품 생산 가치사슬 중 대기업에만 국한되어 적용되면 효과는 반감될 것임에도, 대다수 중소기업들은 설치나 유지·보수 등의 비용 부담으로 주저하게 되는 것이 현실이다. 그러므로 기업 간 협력 체계를 공고히 하며, 대기업이 적극적으로 협력 기업의 스마트공장 구축을 지원하는 것이 필요하다.

그리고 스마트공장 핵심기술을 확보하기 위한 연구개발을 국제표준화와 연계하여 추진해 가야 한다. 스마트공장 관련 센서, 솔루션 등의 요소 기술, 기기에 적용되는 임베디드 시스템(embedded system), 기기 간·기술 간 연계를 위한 플랫폼을 전략적으로 개발해야 한다. 이와 함께 국제표준 확보를 적극적으로 추진해야 한다. 스마트공장 간의 유기적 호환을 위해 표준화는 필수적인 부분이다. 하지만 스마트공장 기술 개발에 앞서 뛰어든 선도 국가들이 기술표준을 선점해 버리면 미래에도 지배적인 영향력을 행사하게 될 것이다. 우리는 국제표준화 동향을 국내 현황에 맞게 해석하고 틈새 영역을 발굴하여 집중해야 한다. 연구개발에 국제표준이 선정되어 있는 현황을 적용하고, 성과물이 국제표준으로 채택되도록 하는 상호연계를 통해 실효성을 높여야 한다.

Chapter.

04절

새로운 문화와 윤리의 확립

    생산과 소비는 사회 내에서 이루어지며 문화의 한 부분을 차지한다. 따라서 생산과 소비는 사회·문화를 변화시키고, 사회·문화는 다시 생산과 소비를 변화시키는 상호작용을 이룬다. 그러므로 미래에 생산과 소비를 발전시켜 가면서도 이로 인한 혜택을 많은 사람들이 누릴 수 있도록 하는 문화와 윤리를 사회에 확립할 필요가 있다.

미래에도 '사회적 자본[49]'은 여전히 높은 중요성을 가질 것이다. 특히, 사회적 자본을 이루는 요소로 '신뢰'와 '협력'은 생산과 소비를 더욱 풍요롭게 만들어준다. 그러나 우리나라는 사회적으로 신뢰가 낮은 수준이며 경쟁 위주의 문화가 만연해 있다. 경제협력개발기구(OECD)가 신뢰 수준을 포함하여 측정한 사회자본(social capital) 조사에서 우리나라는 32개국 중 29위로 매우 취약하게 나타났다. 그리고 학교 교육에서부터 경쟁에 길들여져 서로를 경쟁자로 보는 시각이 만연해 있다.

그리고 지속가능한 생산과 소비를 뒷받침하는 윤리를 확립하는 것이 필요하다. 그중에도 기후변화와 자원 고갈의 위협을 극복할 수 있는 환경윤리의 확립이 매우 시급하다. 이에 따라 환경친화적 생산과 소비가 이루어지는 순환경제 시스템 도입의 필요성이 강력하게 제시되고 있다. 순환경제 시스템의 도입은 사회에 환경친화적 윤리의식이 확립되어 국가와 기업에 적극적으로 요구를 제기할 때 탄력을 받게 된다.

....

49 '사회적 자본'이란 사회 성원들이 공동체 혹은 조직에서 공동의 목적을 달성하기 위해
    함께 일할 수 있는 능력을 의미한다. (출처: 최항섭, 「정보사회의 신뢰와 사회적 자본」,
    『2007년 사회적 자본 특별 심포지엄』, 2007. 9. 5.)

🔍 신뢰와 상호 협력의 문화 형성

지능정보기술을 통한 4차 산업혁명이 진전되는 환경에서 가치의 창출을 극대화하고 생산·소비 주체의 편익을 증대하려면, 신뢰와 상호 협력을 기반으로 하는 사회 문화의 조성이 필요하다. 참여자들은 신뢰를 바탕으로 자신의 데이터를 활용할 수 있게 함으로써, 시스템을 효율적으로 이용하며 고급화된 서비스를 누릴 수 있다. 그리고 사회는 상호 협력을 통해 지식 기반을 풍요롭게 가꾸며 가치 창출을 극대화할 수 있다. 이는 그동안 우리나라에 형성되어 온 산업화 시대의 문화 패러다임을 전환하는 것이기도 하다.

■ 신뢰의 문화 형성

미래 생산과 소비의 참여자들이 더 많은 혜택을 누리려면 고도의 '신뢰'가 밑바탕에 깔려 있어야 한다.[50] 개인은 디지털 경제에서 익명의 타인들과 빈번한 접촉을 겪을 뿐 아니라, 맞춤형 서비스를 제공받으려면 생산자를 믿고 자신과 관련된 데이터를 일정 부분 제공해야 하기 때문이다. 또한, 디지털 네트워크는 신뢰를 통해서 과도한

----

50 세계은행의 연구 결과에 의하면, 스웨덴과 덴마크의 경우 국부의 50% 이상이 사회적 신뢰에 기인하여 얻어졌다. 글로벌 컨설팅 기업 액센츄어(Accenture)의 2016년도 조사에 의하면, 설문 응답자의 83%는 신뢰가 디지털 경제의 근간이라고 응답했다.

감시나 통제 없이도 운영될 수 있게 된다. 이는 참여자의 입장에서는 번거롭고 복잡한 절차를 생략할 수 있게 되는 것이기도 하다. 디지털 네트워크는 누군가 악의를 품으면 쉽게 위해를 가할 수 있는 환경임에도, 상호 간 신뢰가 쌓이면 인지적 부담을 최소화하는 '정신적 지름길(mental shortcut)' 역할을 하게 되어 이를 크게 의식하지 않고 이용할 수 있게 된다.[51] 특히, 개인 간에 유휴자원을 함께 이용하는 공유경제는 상호 간의 신뢰를 바탕으로 한다.

참여자가 디지털 네트워크의 공유된 정보를 활용해서 의사 결정을 더욱 빠르고 정확하게 내릴 수 있는 것도 신뢰에 기반하는 것이다. 즉, 소비자는 신뢰성 있는 정보를 통해 스마트한 소비자가 되어 더욱 많은 권한을 누릴 수 있게 된다.

또한, 기업이 사물인터넷을 통해 취득한 방대한 정보를 분석하고 가치 있는 서비스를 제공하는 것에도 고객과의 신뢰가 형성되어 있어야 한다. 〈그림 4-4〉는 디지털 경제의 고객 관계에서 기업이 관리해야 하는 요소들을 나타내고 있다. 기업은 고객으로부터 주어지는 신뢰를 보안성, 데이터 제어, 이익과 가치, 책임싱의 측면에서 관리해야 한다. 고객의 정보는 고객이 승인하지 않은 이용에 대해서는

---

51 '정신적 지름길'이란 행동경제학자 대니얼 카네만(Daniel Kahneman)이 제시한 개념으로 복잡한 이성적 판단을 간단한 경험 법칙으로 단순화해 의사 결정에 수반되는 인지 부하를 크게 감소시켜 주는 것을 말한다.

마땅히 보호되어야 하며(보안성), 고객은 자신의 정보에 누군가가 접근하는 것을 통제할 수 있어야 한다(데이터 제어). 그리고 고객의 데이터는 기업만의 배타적 이익이 아닌 상호이익을 위해 이용되어야 하며(이익과 가치), 이용의 책임 소재가 명확해야 한다(책임성).

〈그림 4-4〉 디지털 경제에서 기업이 관리해야 할 요소

보안성	데이터 제어
악성코드 / 바이러스 보호	기업 데이터 정책
사전적 데이터 무결성 / 해킹예방	타사 데이터 공유
데이터 권한 & 사용자 인증	개인간 데이터 공유
데이터 암호화 표준	지역문화적 기대
데이터 로그 & 핵심저장 표준	정부의 접근권한
데이터 연결성	
데이터복구	
자치	
사후적 데이터 무결성/ 법률적 자원	고객가치
세계적&지역적 데이터 표준	수익
정부요구	브랜드 가치 / 로열티
	고객서비스
책임성	이익과 가치

(디지털 신뢰를 위한 4가지 열쇠)

출처: Mattias Lewren 등, 『The Four Key to Digital Trust』, Accenture, 2015, 5쪽.

디지털 경제에서 참여자들은 각자 신뢰를 유지하려는 노력이 모여 문화로 형성된다는 것을 인식해야 한다. 이용자가 처음에는 첫인상이나 평판에 근거하여 참여 여부를 결정하지만, 이후에는 지속적

으로 얻어지는 경험들에 근거하여 신뢰감을 형성해 간다. 일부 이용자의 부정행위로 손해를 보는 경우가 생기면, 네트워크 자체에 대한 신뢰성이 떨어지고 유용성은 낮아져 피해는 모든 이에게 돌아간다. 그러므로 개인적 차원에서 신뢰를 지키려는 노력을 지속하는 것과 함께, 시스템 차원에서는 개인의 평소 행동이 평판에 반영되고 직·간접적인 제재나 보상이 가해질 수 있도록 하는 매커니즘을 마련할 필요가 있다. 이와 함께 보안 기술은 시스템의 안정성과 투명성을 높임으로써 신뢰성을 확보하는 방법이 될 수 있다. 중앙의 관리자 없이 참여자들 간의 거래 정보를 모든 참여자들에게 분산 저장하는 블록체인 기술은 차세대 보안 기술로 주목받고 있다.

■ 상호협력의 문화 형성

지능정보사회의 '디지털 네트워크'는 사회 공동의 자산이 되어 있다. 인터넷상에서 무료로 제공된 지식과 정보를 많은 사람이 자유롭게 이용하며, 이것은 다시 새로운 지식과 정보의 창출을 가속화한다. 지능정보사회에서 가상공간과 실제공간이 더욱 밀접해지고 정보와 데이터가 가치 창출의 원천이 되면서 이로 인한 혜택은 더욱 많아질 것이다. 각자가 당장의 이기적 욕망만 좇다가 결국 모두가 불행해지는 '공유지의 비극'[52]을 방지하고 가치를 극대화하려면, 디지털 네트워크를 소중히 가꾸어야 한다. 이를 위해 개인들은 이기적인 동기를 자제하고, 더욱 넓고 장기적인 시각에서 서로 협력하는 문화를 형성해야 한다. 이는 우리 사회에 만연해 있는 경쟁 위주의 문화에서 벗어나는 것이기도 하다.

디지털 네트워크에서는 누구나 지식과 정보를 공유하며 발전에 참여하기가 쉬워지고 있다. 디지털 네트워크의 발달로 집단지성을 적용하며 가치를 창출하기 위한 방법들이 현실화되어 있다. 예를 들어, 위키피디아(Wikipedia)는 표제어에 대한 설명을 누구든 작성하고 수정할 수 있도록 함으로써, 1768년 첫 출간 이래 막강한 권위를 지켜 오던 『브리태니커 백과사전』을 단기간에 넘어설 수 있었다. '네이버 지식인'은 질문에 사람들이 남긴 답변 중 최적의 답변을 질문자가 선택하도록 만들어 지식이 쉽고 빠르게 교환되는 플랫폼을 마련했다.

디지털 경제의 시대에 집단지성에 의한 가치 창출을 활성화하기 위해서는 개인이 자발적으로 참여하는 문화를 형성해야 한다. 집단지성이 발휘되려면 구성원들이 평등하게 참여하는 활발한 의사소통이 필수적이다. 사회적으로는 단기적 인센티브가 없더라도 개인들이 자발적으로 참여할 수 있는 분위기가 조성되어야 한다. 기여자에게

---

52 공유지의 비극은 원래 방목장을 공동으로 사용할 때 농부들이 경쟁적으로 더 많은 소를 끌고 나와 결국 방목장이 금세 황폐해지는 현상을 말한다. 이는 공동체 모두가 사용할 자원을 시장에 맡겨두면 쉽게 고갈되는 문제를 지적한다.

유형의 보상을 당장 제공하는 단기적 인센티브는 비용이 소요될뿐더러 오히려 자발적 참여를 저해하기도 한다. 과거에 스위스가 핵폐기물 처리장을 건설하면서 대상 지역 주민들에게 국가적 목표임을 들어 시민의 의무감에 호소하였더니 과반수가 동의했다. 그러나 금전적으로 보상하기로 했다는 말이 전해지자, 주민들의 동의가 4분의 1 수준으로 떨어진 사례가 있다.

내가 남을 돕는 것에 대해 당장 보상이 없을지라도, 서로 돕는 분위기가 사회에 형성되어 결국에는 자신에게 이익이 돌아오는 간접적 호혜를 기대할 수 있다. 그리고 행위 자체에서 오는 즐거움, 유대감 같은 내재적 보상 또한 자발적 동기가 될 수 있다. 이같이 많든 적든 각자가 원하는 만큼 기여하여 공공재를 풍요롭게 가꾸어감으로써 모두가 받는 혜택을 늘릴 수 있는 것이다.

친환경·협력적 순환경제 시스템 구축

■ 순환경제 시스템으로의 전환

자연에서 자원을 구해 제품을 만들고, 사용한 후에 그것을 폐기하는 일방향 '선형경제(linear economy)'로부터 '순환경제(circular economy)'

로의 전환이 이루어지고 있다. 한 세대의 생애주기만을 고려하던 '요
람에서 무덤까지(cradle to grave)'는 이제 '요람에서 요람까지(cradle to
cradle)'로 대체되어 있다. 〈그림 4-5〉에서처럼, 순환경제 시스템에서
는 생산·소비의 사이클 내에서 자원과 제품이 지속적으로 순환하
며, 자원과 제품이 경제 시스템 내에 오랫동안 반복적으로 머물 수
있게 된다.

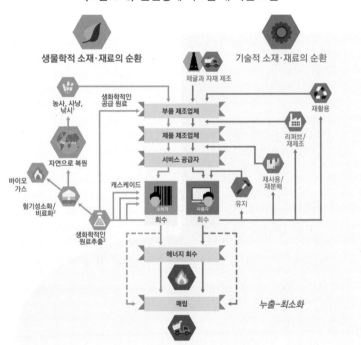

〈그림 4-5〉 순환경제 시스템 내 자원 흐름

출처: Ellen MacArthur Foundation and McKinsey & Company, 『Towards the Circular
Economy: Accelerating the scale-up across global supply chains』, World Economic Forum,
January 2014, 15쪽.

순환경제 시스템은 제품의 내구성과 재활용성을 높이는 생산자의 노력, 하나의 제품을 오래 사용하거나 재활용품을 우선 구입하는 소비자의 노력, 그리고 인프라를 제공하고 규칙을 마련하는 국가의 노력이 함께 어우러져 이루어진다.

순환경제에서는 개별 생산자, 개별 소비자, 개별 제품의 소비라는 기존 사고방식에서 벗어나 모든 주체들의 집합적 복지와 효용을 중시한다. 자원 수급에는 많은 주체들이 관련되며, 자원의 희소성, 시장구조, 효율성, 기술 혁신 등이 복잡하게 작용한다. 그러므로 '생산-소비-처분'의 과정과 직·간접적으로 관계되는 모든 주체들의 효용이 중요하다.

■ 환경친화적 비즈니스 모델로의 전환

이러한 순환경제로 전환되기 위해서는 우선 제품을 경량화하거나 내구성·재활용성을 높여 자원의 소모를 줄여야 한다. 순환경제 시스템은 제품의 생산에 이용되는 소모성 부품과 내구성 부품을 엄격하게 구분한다. 소모성 부품은 독성이 없도록 하여 사용 연한이 끝난 후 자연에 환원될 수 있도록 해야 한다. 포장재처럼 제품의 효용과 직접적인 관계가 적은 부분을 생략함으로써 자원 소모를 줄일 수 있다. 그리고 개발 과정에서부터 제품의 내구성과 재활용성의 강화를 고려해야 한다. EU의 경우 플라스틱 봉투의 감축 목표를 설정하고 부담금을 부과하고 있으며, 환경친화적 에코 디자인과 제품의 내구성·재활용성에 중점을 둔 연구개발이 활발히 이루어지고 있다.

또한, 소비자에게 물리적 제품을 판매하기보다, 제품을 리스하거나 공유하며 서비스를 판매하는 비즈니스 모델을 활성화하는 것이 필요하다. 이는 기능 중심의 서비스 경제로 전환하는 것을 의미한다. 개인이 보유한 유휴 차량을 타인이 카셰어링 등으로 이용하는 공유경제나, 제조사가 항공기 엔진을 오래 사용할 수 있도록 지속 관리해 주는 서비스를 통해 자원 소모를 줄일 수 있다. 온실가스 배출과 환경오염에 부과되는 탄소세와 환경세가 강화되고, 기업 간·국가 간 배출권을 거래하는 배출권 거래시장이 활성화되며 이러한 비즈니스는 더욱 많이 등장할 것이다. 이에 따라 경제 시스템에서 '소비자'로서 수행해 오던 역할은 '사용자'의 역할로 바뀌게 된다. 생산자가 제품 판매를 목표로 하는 기존 경제에서 소비자는 자원 이용 사이클의 최종 단계에서 제품을 사용하고 폐기해 왔다. 하지만 순환경제에서 사용자는 제품에 접속하여 일시적으로 이용하고 순환 시스템으로 돌려주는 역할을 한다.

그리고 글로벌 경제와의 교역이 증가하는 한편으로 경제 행위를 지역화하는 것도 한 방법이 될 수 있다. 지역 차원의 순환경제를 구축함으로써 물류·운송 등에 투입되는 자원과 에너지를 절감할 수 있기 때문이다.

■ 주요 물질 흐름 분석에 기초한 자원관리 시스템의 도입

순환경제 시스템으로 전환하기 위해, 시스템적 관점에서 기술과 정책의 변화를 통합적으로 진행해야 한다. 물론 순환경제 시스템의 도입에는 자원 공급의 복잡성, 기존 사업 모델의 타성 같은 난점이 존재한다. 이를 극복하기 위해서는 자원 흐름의 체계적 관리와 시스템 구축을 위해 필요한 기술적·정책적 지원이 충족되어야 할 것이다.

무엇보다 국가 차원의 자원 관리 시스템을 마련하여 경제 시스템에서 주요 자원들이 흐르는 현황을 체계적으로 분석하고 관리를 최적화해야 한다. 자원관리시스템은 사물인터넷, 빅데이터 분석, 인공지능 등 지능정보기술을 활용하여 기능을 강화시킬 수 있다. 우선, 자원으로 활용될 수 있는 주요 물질의 '활용-재활용-폐기'의 사이클을 분석할 수 있는 데이터베이스를 갖추어야 한다. 이것은 기업, 지방자치단체, 국가 차원에서 자원 관리를 실시간으로 모니터링하며 구축할 수 있다. 이에 기반하여 자원마다 독특한 시장 환경을 고려하며 수요량·공급량과 함께 가격 동향과 국제자원시장의 위험 요소까지 체계적으로 관리할 수 있다.

그리고 정책 구성에 폭넓은 이해관계자가 참여하는 개방형 혁신을 도입할 필요가 있다. 이를 위해 여러 자원의 생애주기에 걸쳐 시장 공급자와 수요자, 정부부처와 공공기관, 관련 협회, 지역주민 등 각계각층의 이해관계자부터 면밀하게 파악하는 것이 필요하다. 이들이 모니터링과 의사 결정 과정에 적극적으로 참여하는 가운데 기술성, 경제성, 환경성, 사회성을 고려한 정책을 마련해야 한다. 순환경제 시스템도 결국 사람에 의해 이루어지는 것이므로 이해관계자들의 의사, 예측, 상호작용 등을 고려하여 보상과 제재를 설계하고 정책에 반영하도록 해야 할 것이다.

10년 후
대한민국
미래전략
보고서

맺음말

맺음말

　지난 2016년 한 해만도, 우리가 의존해 오던 성공과 성장의 공식을 재차 되돌아보게 하는 크고 작은 사건들이 있었다. 국내 굴지의 한 글로벌 전자기업이 야심 차게 내놓은 스마트폰 신제품이 결함으로 단종되면서 해당 기업에 타격을 주었다. 그동안 우리의 경제 성장에 효자 노릇을 톡톡히 해오던 조선 산업은 1990년대 이래 지켜오던 세계 선두 자리를 내어주고 있으며, 해양플랜트(offshore plant) 부문의 적자 등으로 어려움을 겪고 있다. 그리고 해운 분야의 구조조정이 남긴 여파는 이제 시작에 불과할 수도 있다. 무엇이 문제일까? 클라우스 슈밥(Klaus Schwab) 세계경제포럼(WEF) 회장이 비유한 것처럼 '작고 빠른 물고기'가 되어야 함에도, 기존의 패러다임 속에서 몸집을 키우고 힘을 기르는 것에만 집착한 것에 있지는 않을까?

　이 보고서 『10년 후 대한민국, 4차 산업혁명 시대의 생산과 소비』에서 우리가 자랑스럽게 여기던 추격형 성장의 경험이 앞으로 다가

올 생산과 소비의 융합 혁명에서 더 이상 유효하지 않을 수 있다는 것을 제기한 바 있다. 또한, 집필을 추진하는 과정에서 전문가들이 논의한 결과, 우리나라가 산업화 과정에서 축적한 성공 공식이 미래 지능정보사회에는 오히려 유연성과 기민성을 저해하는 요인이 될 수 있다는 것에 의견이 모아졌다. 우리 산업의 거대한 줄기를 이루던 대기업 중심의 수직 계열화 구조는 한계에 부딪히고 있다. 최근 우리나라 산업에서 나타난 크고 작은 문제들은 집필을 시작하면서부터 유지해 온 문제의식이 무리가 아니었음을 보여준다.

미래 생산과 소비의 융합 혁명에 대응하기 위해서는, 전체를 바라보는 시각에서 미래지향적 전략을 마련해야 한다. 과거처럼 근면과 절약으로 노동과 자본의 투입을 늘리고 유망 기술을 발굴하여 도입하는 것만으로는 역부족일 것이다. 비즈니스를 수행하는 '기업 시스템', 창의력과 기술력을 발휘할 수 있는 '혁신 시스템', 제도와 인프라를 운영하는 '정부 시스템', 문화와 윤리를 존속시키는 '사회 시스템'의 마련이 필요하다. 이를 위해서는 더욱 폭넓은 시각을 갖고, 미래로 나아가는 데 걸림돌이 되는 것들을 하나씩 제거하는 것이 중요하다.

변화의 시대를 살아감에 있어 '냄비 속 개구리'는 널리 알려진 비유이다. 개구리를 처음부터 뜨거운 물에 넣으면 놀라서 곧바로 뛰쳐나온다. 그러나 미지근한 물에 넣고 천천히 데우면 온도 변화를 느끼지 못하고 물이 끓을 때까지 가만히 있다가 죽게 된다. 우리도 변화하는 환경에 경각심을 갖고 적극적으로 대응하지 않으면 훗날 더 큰 어려움으로 돌아올 수 있다. 제조 혁신, 사물인터넷 혁명, 한계비용 제로 사회, 4차 산업혁명과 지능정보사회 등으로 일컬어지는 생산과 소비의 융합적 혁명은 현재 진행형이다. 그런데 변화가 임계점을 넘어 급속히 확산되는 단계에 이르면 사회에 큰 충격을 몰고 올 것이다. 냄비 안의 물이 끓을 정도까지 되면 그 안의 개구리에게 더 이상 선택의 여지가 없게 된다.

  필자들은 이 보고서 『10년 후 대한민국, 4차 산업혁명 시대의 생산과 소비』의 독자들에게 다가올 지능정보사회의 모습을 구체적으로 제시하여 방향성을 줄 수 있도록 노력했다. 보고서 후반에 제시된 전략 방향이 일부 독자에게는 거리감이 있을 수 있지만, 그에 담긴 함의는 미래를 맞이하는 모든 이들에게 공통적일 것이다. 이세돌과 알파고의 바둑 대결을 비롯한 이벤트들이 남기고 간 사회적 충격이 채 가시기 전에, 생산과 소비의 융합 혁명에 대한 활발한 논의가 이루어졌으면 한다. 그리고 우리나라가 대응 방향을 찾고 실행해 나가는 데 유의미하고 중요한 불씨가 될 수 있기를 희망해 본다.

10년 후
대한민국
미래전략
보 고 서

참고문헌

참고문헌

| 한글 문헌 |

강석기(2014), 「자율주행차의 윤리적 딜레마」, 『사이언스타임즈』.

고기완, 「AI 4차 산업혁명, 규제가 성패 가른다」, 『한국경제』.

고재진·이규택(2015), 「스마트공장 현황 및 시사점」, 『KESSIA Issue Report』, 한국정보산업연합회, 10쪽.

관계부처 합동, 『제4차 산업혁명에 대응한 지능정보사회 중장기 종합대책』, 2016. 12.

국무조정실 등(2016), 「대통령 주재 제5차 규제개혁장관회의 개최」.

김대원(2013), 「미래상 전망을 위한 '집단지성' 활용 가능성 모색」, 『HT R&D 이슈리포트』, 한국보건산업진흥원, 2013년 5호, 28쪽.

김민식·정원준, 「ICT 제품 및 서비스의 수명주기 단축과 BIG-BANG Disruption의 등장」, KISDI 방송통신정책 제25권 제23호, 54~59쪽.

김석관, 「Chesbrough의 개방형 혁신 이론」, 『과학기술정책』, 2008. 9.

김영신(2016), 「제조업의 서비스화를 통한 산업경쟁력 강화 방안」, KERI Insight, 한국경제연구원.

김윤정·유병은(2016), 「인공지능 기술 발전이 가져올 미래 사회 변화」, 『KISTEP InI』, 한국과학기술기획평가원, 52~65쪽.

나준호(2016), 「기술평준화, '군웅할거' 시대, 他산업·경쟁자·소비자 모두가 혁
  신소스」, 『동아비즈니스리뷰』 제208호, 2016. 9., Issue 1.

대한상공회의소(2014), 『빅데이터 활용현황 및 정책과제 연구』, 5쪽.

마이크로스트레티지코리아·한국IDG(2014), 「2014 한국의 빅데이터, 어디까지
  왔나」, 『IDG Market Pulse』, IDG Korea, 12쪽.

미래준비위원회(2016), 『10년 후 대한민국, 뉴노멀 시대의 성장 전략』, 시간여
  행, 2016. 4.

미래준비위원회, 『10년 후 대한민국, 미래이슈 보고서』, 지식공감, 2015, 64쪽.

미래창조과학부, 한국과학기술기획평가원, 「이슈분석: 4차 산업혁명과 일자리
  의 미래」, 2016. 3. 28., 1쪽.

미래창조과학부, 『지능정보사회 추진 민관 컨퍼런스』, 113~117쪽.

미래창조과학부, 「개방형 혁신 수준 진단 및 향후 정책 방향(안)」, 2016. 12. 9.

미래창조과학부 등(2016), 「부록1: 개인 정보 법령 통합 해설서」, 『개인 정보
  비식별 조치 가이드라인』, 57쪽.

박종운(2016), 「드론 규제 완화, 그 허와 실」, 『드론스타팅』.

배상태·김진경, 「사물인터넷(IoT) 발전과 보안의 패러다임 변화」, 『R&D InI』,
  한국과학기술기획평가원.

백수현, 「스마트제조의 글로벌 현주소와 표준화 추진방향」, 『Issue Paper』
  2016-03., 한국과학기술기획평가원, 2016. 4.

사공목·주대영, 『일본의 4차 산업혁명 대응 실태와 정책방향: 제조업을 중심으로』, 산업연구원, 2016. 12.

서동혁·최윤희·김경유·김상훈·황원식·최남희(2015), 『산업 패러다임 변화에 따른 미래 제조업의 발전 전략』, 산업연구원.

심영섭(2013), 「창의와 융합 활성화를 위한 규제개혁 방향」, 『규제연구 제22권』, 3~27쪽.

에릭 브린욜프슨·앤드루 맥아피(2014), 『제2의 기계 시대』, 청림출판사, 133쪽.

오충근, 김윤종, 「창조경제 실현 위한 국제 표준 획득 전략 모색: 이동통신 사례를 중심으로」, 『Issue Paper』 2013-11, 한국과학기술기획평가원, 2013. 11.

윤자영(2016), 「드론의 현황과 규제완화 정책」, 『산업경제』, KEIT, 7~21쪽.

이규택·이건재(2015), 「스마트공장 R&D 로드맵 소개」, 『KEIT PD Issue Report』, 한국산업기술평가관리원.

이민화, 「플랫폼 경제, 새 패러다임의 도래 ― 1. 왜 플랫폼 경제인가」, 『헤럴드경제』, 2015. 1. 19.

이상동, 「4차 산업혁명을 리드하는 일본 정부의 추진 전략과 정책 시사점」, 『Global 동향분석』 2016-7호, 한국표준협회, 2016. 11. 21.

이상동, 「4차 산업혁명을 이끄는 융복합 기술의 표준화 연계 전략」, 『Issue 페이퍼』 2016-2호, 한국표준협회, 2016. 5.

이상배(2016), 「규제개혁 93% 완료, 신산업 규제만 '정밀타격'」, 『나라경제』, 8~9쪽.

이은민(2016), 「4차 산업혁명과 산업구조의 변화」, 『정보통신방송정책』, 제28권 15호, 정보통신정책연구원, 1~22쪽.

이재원, 「제4차 산업혁명: 주요국의 대응현황을 중심으로」.

이정아(2015), 「CPS 기반의 사회 시스템 최적화 전략」, 『IT & Future Strategy』, 한국정보화진흥원.

이정아·김영훈(2014), 「인더스트리 4.0과 제조업 창조경제 전략」, 『IT & Future Strategy』, 한국정보화진흥원, 23쪽.

이정민(2015), 「SPA 사업모델 부상이 국내 의류 및 유통업에 미치는 영향과 시사점」, 한국산업은행, 111쪽.

이지효(2016), 『대담한 디지털 시대』, 알에이치코리아, 103쪽.

이철원, 「개방형 혁신 패러다임으로 경제발전의 효율성을 높이자」, 『과학기술정책』, 2008. 5.

이한득(2016), 「한국의 산업구조 변화 속도 줄고 집중도는 증가」, LG경제연구원, 52쪽.

이현우, 「표준 전략 vs. 비표준 전략, 최후의 승자는?」, 『TTA Journal』vol. 140, 2012. 3.

정보통신기술진흥센터, 「주요 선진국의 제4차 산업혁명 정책동향: 미국, 독일, 일본, 중국」, 『해외 ICT R&D 정책동향』 2016-04호, 2016.

주원·정민(2016), 「4차 산업혁명의 등장과 시사점」, 『경제주평』 16-32(통권 705호), 현대경제연구원.

진병문 등, 『ICT 표준화 활동 가이드』, 한국정보통신기술협회, 2009. 9. 31.

최병삼 등, 『플랫폼, 경영을 바꾸다』, 삼성경제연구소, 2014. 4. 10.

클라우스 슈밥(2016), 『제4차 산업혁명』, 새로운현재, 2016, 71쪽; 제임스 캔턴, 『퓨처 스마트』, 비즈니스북스, 1장.

하인 응우옌·마틴 슈트흐티·마르커스 질스(2014), 「끝없이 치솟는 천연자원 가격… 순환경제로의 대변환 절실하다」, 『동아비즈니스리뷰』, 동아일보사, Issue 2, 151호, 8쪽.

한국개발연구원(2015), 「우리 경제 일본의 잃어버린 20년 답습할 것인가」(정책 세미나 자료).

한국무역협회 도쿄지부, 「제4차 산업혁명을 선점하기 위한 일본의 전략 및 시사점」. 2016. 6.

한국정보통신기술협회, 『ICT 표준화 활동 가이드』, 2009. 9.

한국정보화진흥원(2015), 「2016 정보화통계집」, 161쪽, 2016. 12.

한국정보화진흥원(2015), 『2015년 BIG DATA 시장현황 조사』, 9쪽.

한국정보화진흥원(2014), 『빅데이터 수요조사』.

한유경, 「참여와 공유의 개방형 혁신」, 『신한 FSB 리뷰』.

현재호 등, 「4차 산업혁명 정의 및 거시적 관점의 대응방안 연구」, 2016. 10.

| 영문 문헌 |

Alcerreca, H.(2007), 「45nm microprocessor manufacturing fab」, Electronics News.

Arthur, W. B.(1990), 「Positive feedbacks in the economy」, 「Scientific american」.

Arthur, W. B.(1996), 「Increasing returns and two worlds of business」, 「Harvard Business Review」 Vol.74(4).

Baweja, B. et al.(2016), 「Extreme automation and connectivity: The global, regional, and investment implications of the Fourth Industrial Revolution」, 「UBS White paper for World Economic Forum」, p. 49.

BNEF(2015), 「Bloomberg New Energy Outlook 2015」.

Boyan Jovanovic(2005), 「Chapter 18. General Purpose Technology」, 「Handbook of Economic Growth」 Vol. 1B, pp. 1182~1224.

Clough, R.(2014), 「General Electric Wants to Act Like a Startup」, Bloomberg.

Ellen MacArthur Foundation and McKinsey & Company(2014), 「Towards the Circular Economy: Accerating the scale-up across global supply chains」, World Economic Forum, p. 15.

ITU(2015), 『Measuring the Information Society Report』, p. 57.

Jankowski. S. et al.(2014), The Internet of Things: Making sense of the next mega-trend』, 『Global Investment Research』, The Goldman Sachs Group, Inc., p. 4.

Koren, Y.(2010), 『Global Manufacturing Revolution』, Wiley, p. 34.

Lewren, M.(2015) et al.(2015), 『The Four Key to Digital Trust』, Accenture, p. 5.

Marsh, P. 『The New Industrial Revolution: Consumer, Globalization and the End of Mass Production』, Yale University Press, p. 214.

McDonald, P. A. et al.(2015), 『The Employer-Led Health Care Revolution』, Harvard Business Review, pp. 38~50.

C. Mellor(2014), 『Kryder's law craps out: Race to UBER-CHEAP STORAGE is OVER』, The Registor.

MIT Sloan Management, Y. M. Antorini et al(2012), 『Collaborating with customer online communities: Lessons form the Lego group』, 『MIT Sloan Management Review』.

OECD(2006), 『Innovation and Knowledge-Intensive Service Activities』.

OECD(2016), 『OECD Economic Surveys Korea 2016』.

Peter. C. Evans and Annabelle Gawer(2016), 『The Rise of the Platform Enterprise A Global Survey』, 『The Center for Global Enterprise』.

Reider, R.(2015), 『Tech Adoption Rates Have Reached Dizzing Heights』, Market Realist.

Shariff, A. et al.,(2016), 『The Social Dilemma of Autonomous Vehicles』, 『Science』, pp. 1573~1576.

Turner, V. et al.(2014), 『The Digital Universe of Opportunities: Rich Data and the Increasing Value of the Internet of Things』, Dell EMC & International Data Corporation.

UN, Department of Social Affairs Population Division(2014), 『World Urbanization Prospects: The 2014 Revision』, United Nations, CD ROM Edition.

UN, Department of Social Affairs Population Division(2015), 『World Population Prospects, the 2015 Revision』, United Nations.

World Bank Group(2016), 『Digital Dividends』.

Williamson, P. J. and Yin, E.(2014), 『Accelerated Innovation: The New Challenge From China』, MIT Sloan Management Review, Summer, p. 3.

Yun, J. J. et al.(2016), 『Open Innovation to Business Model: New Perspective to connect between technology and market』, 『Science, Technology and Society』, 21(3), pp. 324~348.

Yun, J. J. et al.(2016), 『The Relationship between technology, business model, and market in autonomous car and intelligent robot industries』, 『Technological Forecasting & Social Change』 103, pp. 142~155.

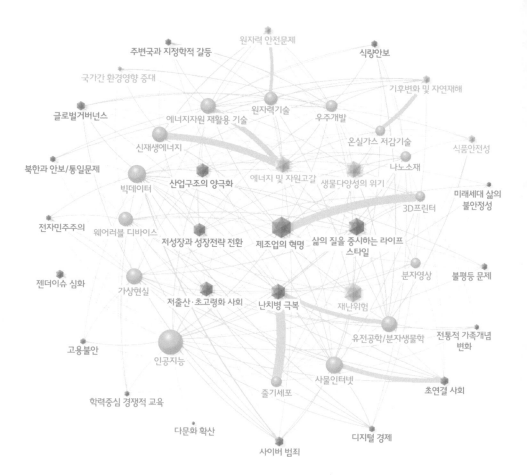

10년 후 대한민국

미래이슈 보고서

요약본-한글판

○ 앞으로 10년 뒤 미래는 움직이는 것이다

「미래이슈 분석보고서」는 현재 우리 사회가 안고 있는 주요 이슈
의 분석을 통해 10년 후 이 이슈들이 어떤 중요성과 의미를 가지고
전개될 것인지를 살펴봄으로써 미래준비를 선제적으로 하기 위한
것이다. 2020년, 2040년 등 특정연도를 목표로 한 기존의 미래예측
보고서와는 달리 이번 보고서는 구체적인 문제해결책 제시보다는
향후 10년이라는 기간을 설정하고 이 기간 동안에 이슈들이 어떻게
발전되는지에 대한 동적인 분석에 초점을 맞추었다. 각 이슈에 대한
전문가 인식조사를 바탕으로 세계경제포럼(WEF)이 글로벌 리스크
(Global Risks)에서 사용한 「네트워크 분석」[1]을 활용하여 이슈와 이슈
간의 연관관계, 그리고 이슈와 밀접한 관계가 있는 핵심기술과의 연
관관계를 동적인 시각에서 분석하였다.

○ 보고서 작성경과

미래부는 2014년 12월 '미래준비위원회'를 구성하고 동 위원회를
중심으로 이슈 분석에 착수하였다. 미래준비위원회는 OECD 미래
전망보고서 등 국내외 관련 문헌정보와 국가정책연구포털사이트 등

1　네트워크 분석 : 복수의 개인·사물·조직들을 상호 연결시키는 관계를 분석하여 네트워
　　크에서 중요한 역할을 하는 개인·사물 등을 파악하는 분석기법

다양한 데이터를 기초로 하여 경제·사회·환경·정치 분야에서 총 28개 분석대상 이슈를 선정하였다. 이와 별도로 미래사회에 광범위하게 영향을 미칠 미래기술(핵심기술) 15개도 선정하였다. 분석대상으로 선정된 이슈에 대해서 지난 4월 학계, 연구계 등 전문가와 미래세대인 대학생 등 총 1,477명을 대상으로 각 이슈의 중요성, 이슈와의 연관관계, 그리고 핵심기술과의 연관관계 등에 대한 인식조사를 실시하고 그 결과를 「네트워크 분석」을 통하여 분석하였다.

[표 1] 28개 분석대상 이슈 및 15개 핵심기술

분야	이슈명칭
경제 (6개)	초연결 사회, 저성장과 성장전략 전환, 디지털 경제, 고용불안, 제조업의 혁명, 산업구조의 양극화
사회 (10개)	저출산·초고령화 사회, 불평등 문제, 미래세대 삶의 불안정성, 삶의 질을 중시하는 라이프스타일, 다문화 확산, 전통적 가족개념 변화, 학력중심 경쟁적 교육, 젠더이슈 심화, 난치병 극복(100세 시대), 사이버 범죄
정치 (5개)	식량안보, 주변국과 지정학적 갈등, 북한과 안보/통일 문제, 전자 민주주의, 글로벌 거버넌스
환경 (7개)	재난위험, 에너지 및 자원고갈, 기후변화 및 자연재해, 국가 간 환경영향 증대, 원자력 안전문제, 생물 다양성의 위기, 식품안전성
핵심기술 (15개)	사물인터넷, 빅데이터, 인공지능, 가상현실, 웨어러블 디바이스, 줄기세포, 유전공학/분자생물학, 분자영상, 나노소재, 3D 프린터, 신재생 에너지, 온실가스 저감기술, 에너지·자원재활용 기술, 우주개발, 원자력 기술

○ 10년 앞에서 현재를 보다

제1부에서는 28개 분석대상 이슈 중 응답자들이 10년 후의 관점에서 가장 중요하게 생각하는 이슈, 28개 이슈에 대한 세대 간, 성별간 인식 차이, 그리고 현재와 10년 후의 중요성에 대한 인식을 조사하였다. 그리고 각 이슈별로 미래에 현실적으로 문제가 발생할 가능성(발생 가능성)과 사회에 미칠 영향력, 이슈와 이슈 간의 연관관계, 그리고 이슈와 핵심기술과의 연관관계 등을 분석하였다. 또한 주요 이슈별로 과거에는 어떻게 정책적으로 대응해왔는지에 대하여 정책연구 아젠다 분석을 통해 살펴보았고, 각 이슈들에 대한 일반 대중들의 구체적인 관심사항을 미디어 키워드 분석을 통하여 살펴보았다. 제2부에서는 미래준비위원회 차원에서 이들 이슈와는 별도로 우리사회가 준비해야 할 것으로 선정한 이슈를 분석·정리하였다.

○ 10년 후 중요한 10대 이슈

10년 후의 관점에서 가장 중요하게 생각하는 이슈에는 저출산·초고령화, 불평등문제, 미래세대 삶의 불안정성 등으로 나타났다. 이외에도 고용불안, 저성장과 성장전략 전환 등 경제이슈, 국가간 환경영향 증대와 기후변화 등 환경이슈, 남북문제 등 정치이슈 등이 10대 이슈에 포함되었다(표 2).

[표 2] 10대 이슈

순위	이슈명	순위	이슈명
1	저출산·초고령화 사회	6	사이버 범죄
2	불평등 문제	7	에너지 및 자원고갈
3	미래세대 삶의 불안정성	8	북한과 안보/통일 문제
4	고용불안	9	기후변화 및 자연재해
5	국가간 환경영향 증대	10	저성장과 성장전략 전환

○ 이슈에 대한 인식

28개 이슈의 중요성에 대한 인식은 세대 간에 큰 차이가 없었으나, 여성이 남성에 비해 같은 이슈에 대한 중요성의 정도를 더 높게 평가하였다. 10대 이슈 중에서 「저출산·초고령화 사회」, 「기후변화 및 자연재해」, 「사이버 범죄」, 「에너지 및 자원고갈」, 「국가간 환경영향 증대」는 현재보다 미래에 더욱 중요할 것으로 분석되었다. 10대 이슈 이외에 「식량안보」, 「생물 다양성의 위기」, 「초연결 사회」, 「글로벌 기버넌스」, 「삶의 질을 중시히는 라이프스타일」 등은 미래에 부상할 이슈로 분석되었다.

○ 미래 발생 가능성과 영향력

28개 이슈들의 발생 가능성과 우리 사회에 미칠 영향력에 대한 평가결과를 분석하였다. 분석 결과, 10대 이슈 대부분은 발생 가능성이 높고 영향력이 큰 것으로 나타났다. 10대 이슈 중 「북한과 안

보/통일문제」는 발생 가능성은 낮으나 영향력이 큰 것으로 나타났
다. 10대 이슈에는 포함되지 않았지만 「디지털 경제」와 「초연결 사
회」 이슈가 상대적으로 발생 가능성이 높고 영향력이 큰 것으로 나
타났다.

○ 매우 중요해진 삶의 질

주요 이슈별로 이슈 상호 간 연관관계에 대한 분석을 실시하였다.
28개 분석대상 이슈에 대해서 네트워크 분석을 통하여 [그림 1]과
같이 이슈 상호 간 연관관계를 도출하였다. 그림에서 이슈가 가운
데 위치할수록 다른 이슈와의 연관관계가 많으며, 선의 굵기는 연
관관계의 정도를 나타낸다. 즉, 선이 굵을수록 연관관계가 많다.

다른 이슈와 높은 연관관계를 맺고 있는 이슈는 ①삶의 질을 중
시하는 라이프스타일, ②고용불안, ③불평등 문제, ④산업구조의
양극화, ⑤저출산·초고령화 사회, ⑥초연결 사회, ⑦저성장과 성장
전략 전환, ⑧재난위험, ⑨글로벌 거버넌스 순으로 나타났다. 특히
「삶의 질을 중시하는 라이프스타일」은 이슈 그 자체로서는 중요성
과 영향력이 상대적으로 낮으나 여러 이슈와 가장 연관관계가 많은
이슈로 나타났다. 다른 이슈와 연관관계가 높은 이슈일수록 사회적
으로 영향력이 미치는 범위가 넓기 때문에 이슈의 대응에 있어서도
관련 이슈와 함께 포괄적인 접근이 필요하다.

다른 이슈와 연관성이 높은 이슈인 「고용불안」, 「저출산·초고령화 사회」, 「불평등 문제」와 10대 이슈 중 환경 분야의 「기후변화 및 자연재해」, 「에너지 및 자원고갈」에 대하여 다른 이슈와의 연관관계를 예시적으로 살펴보았다.

[그림 1] 28개 이슈의 연관관계

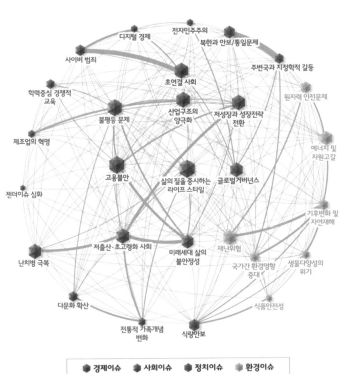

1. 원의 중심에 위치할 수록 모든 이슈와 관계되는 마당발 이슈
2. 선이 두꺼울수록 이슈간 연결관계가 강하다는 의미

○ 이슈와 핵심기술의 연관관계

네트워크 분석을 통해 핵심기술과 이슈 간 연관관계에 대해 [그림 2]를 도출하였다. 이슈가 다양한 핵심기술과 연관될수록 그림의 중앙에 놓이게 된다. 또한 이슈와 핵심기술 간에 연관성이 높을수록 이슈와 핵심기술을 연결하는 선이 굵게 나타나고, 많은 이슈들과 연관성을 가질수록 핵심기술을 표시하는 점(node)도 크게 나타난다.

[그림 2] 28개 이슈와 핵심기술 간 연관관계

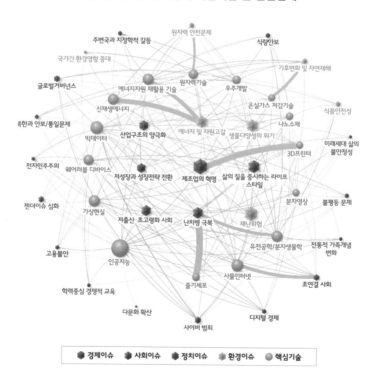

과학기술과 긴밀하게 관계를 맺고 있는 이슈는 ①제조업의 혁명, ②
재난위험, ③삶의 질을 중시하는 라이프스타일, ④생물 다양성의 위
기 ⑤에너지 및 자원고갈, ⑥난치병 극복, ⑦저출산·초고령화 사회,
⑧산업구조의 양극화, ⑨저성장과 성장전략 전환 순으로 나타났다. 또
한 다양한 이슈와 연관관계를 갖는 핵심기술로는 '인공지능', '빅데이
터', '사물인터넷' 등으로 나타났다. 핵심기술 중 '인공지능', '사물인터
넷', '유전공학', '온실가스 저감기술', '원자력기술'이 미래 우리 사회의
어떤 이슈와 관계를 가지고 있는지를 예시적으로 살펴보았다.

○ 주요 이슈별 정책 아젠다 및 미디어 키워드 분석

과거 15년간 주요 이슈별로 정책적 아젠다를 어떻게 만들어 대응
해 왔는지를 조망함으로써 과거의 경험을 앞으로의 정책수립 등에
참고하고자 했다. 지난 15년간 정책연구 결과들을 체계적으로 관리
하고 있는 국가정책연구포털을 통해 주요 이슈별로 정책 아젠다들
이 어떻게 전개되어 왔는지를 빅데이터 분석을 통해 살펴보았다.

예를 들면 '에너지 문제'의 경우에는 2000년대 초반 우리나라의
에너지 수급사정은 비교적 안정적이었기 때문에 '남북에너지 협력
(2002)'이 검토되었다. 그러나 '고유가 충격(2004)'과 〈교토의정서〉 발
효에 따른 기후변화에 대한 국제적인 대응(2005)에 따라 환경친화적

이고 효율적인 에너지 공급을 위한 '에너지 믹스(2006)', '스마트그리
드와 전기자동차(2009)', '신재생에너지(2010)'에 대한 정책 논의가 활
발해졌다. 특히 순환 정전사태 이후에는 에너지공급뿐만 아니라 '에
너지소비효율화(2011)'에 대한 관심이 높아졌고, 최근 기술발전으로
시추가격 인하에 따른 '셰일가스(2013)'가 정책 아젠다화되었다.

[그림 3] 에너지 문제 정책 아젠다 흐름

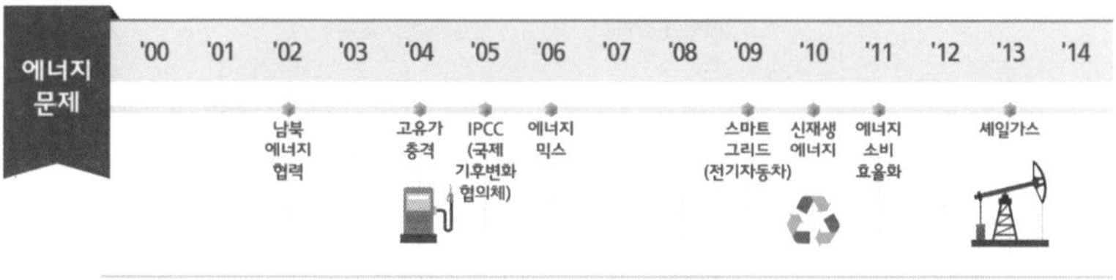

또한 SNS 등 미디어 키워드 분석을 통해 최근 이슈에 대한 대중
의 관심사항을 알아보았다. 예를 들어 「삶의 질을 중시하는 라이프
스타일」의 경우에는 '웰빙', '여가' 등이 대표적인 키워드로 나타났
다. 따라서 삶의 질을 중시하는 라이프스타일 실현을 위해서는 웰
빙과 여가에 대한 정책적 대응이 중요해질 것이다.

[그림 4] 삶의 질을 중시하는 라이프스타일 관련 미디어 키워드

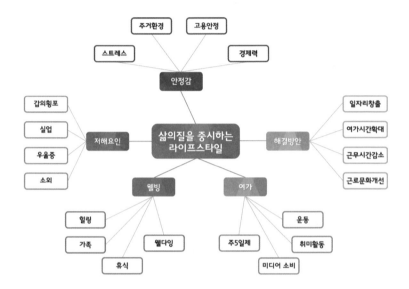

○ 미래준비위원회가 제안하는 이슈

　미래준비위원회에서 자체적으로 발굴하고 설문조사 등을 통해 선 정된 이슈도 분석하였다. 이슈를 사회문화의 변화, 산업경제의 변 화, 그리고 삶의 환경 변화로 나누고 각 이슈에 대한 미래준비위원 회의 시각을 정리하였다.

[표 3] 미래준비위원회가 선정한 9개 이슈

분야	이슈명칭
사회문화의 변화 (3개)	획일화 사회 극복, 불평등 사회, 저출산·고령화 사회의 대비
산업경제의 변화 (3개)	초연결 사회의 지속 가능한 미래, 지속 가능한 산업생태계, 인공지능의 발전
삶의 환경 변화 (3개)	기후변화, 대형시스템의 안정성, 스마트 환경과 뉴미디어

○ 중점 논의할 2개 이슈는?

이번 분석결과를 바탕으로 이슈 간의 연관관계, 이슈와 핵심기술 간의 연관관계가 높은 2개 이슈를 선정하여 과학기술과 ICT를 활용한 미래전략을 마련할 계획이다. 미래전략 마련을 위하여 선정된 이슈와 연관관계를 가지는 이슈들을 종합적으로 고려할 것이며, 그 해결에는 과학기술과 ICT를 활용하는 방안으로 추진할 계획이다.

주변국과 지정학적 갈등
원자력 안전문제
식량안보
국가간 환경영향 증대
기후변화 및 자연재해
글로벌거버넌스
에너지자원 재활용 기술
원자력기술
우주개발
온실가스 저감기술
식품안전성
신재생에너지
나노소재
북한과 안보/통일문제
에너지 및 자원고갈
생물다양성의 위기
미래세대 삶의
빅데이터
산업구조의 양극화
불안정성
3D프린터
전자민주주의
웨어러블 디바이스
저성장과 성장전략 전환
제조업의 혁명
삶의 질을 중시하는 라이프
스타일
젠더이슈 심화
분자영상
불평등 문제
가상현실
저출산·초고령화 사회
난치병 극복
재난위험
고용불안
인공지능
사물인터넷
유전공학/분자생물학
전통적 가족개념
변화
초연결 사회
학력중심 경쟁적 교육
줄기세포
다문화 확산
디지털 경제
사이버 범죄

10년 후 대한민국

미래이슈 보고서

요약본–영문판

○ Overview

The purpose of this report is to analyze the major issues that our society faces in the present so that we can brace ourselves for the future by understanding the significance and meaning that the issues present and how they would unfold in the future. Unlike past reports that predicted the future in targeted specific years such as 2020 or 2040, this report focuses on dynamic analysis to see how these issues develop over the span of a decade rather than providing concrete solutions. Each issue is analyzed from a dynamic point of view to discover the interconnection between issues and relationship between these issues and key technologies through network analysis[1] of a perception survey used in Global Risks (WEF).

○ Process

The Future Preparatory Committee, formed by the Ministry of Science, ICT and Future Planning in December 2014, began the analysis on future issues. The Committee selected 28 issues to analyze in the fields of economy, society, environment, and politics based on various data such as documents from home and abroad

....

1   Network analysis: An analysis method to figure out people or matters that play an important role in a network by analyzing the correlation that connects multiple individuals, matters, or organizations.

(e.g. Future Global Shocks, OECD 2011), and the database for national policy research. Furthermore, 15 future promising technologies (key technologies) that might have a widespread impact on the future society were chosen for analysis as well. Perception surveys were conducted in April 2015 on the significance of the issues, correlation between issues, and relationship between the issues and key technologies. The survey results were analyzed through Network Analysis. A total of 1,477 respondents, including experts from academia and research groups and college students who are the future generation participated in the survey.

Table 1: 28 Issues for Analysis and 15 Key Technologies

Field	Issues
Economy (6)	Hyper-connected Society, Low Growth & Shift in Growth Strategies, Digital Economy, Job Insecurity, Manufacturing Revolution, Bipolarized Industrial Structure
Society (10)	Low Fertility & Super-aging Society, Social Inequality, Unstable Life of Future Generations, Emphasis on Quality of Life, Multiculturalism, Change in Traditional Family System, Credentialism & Excessive Competition in Education, Aggravating Gender Inequality, Fight against Incurable Diseases(Homo Hundred Era), Cybercrime
Politics (5)	Food Security, Geopolitical Conflicts with Neighboring Countries, National Security/Unification, e-Democracy, Global Governance
Environment (7)	Disaster Risk, Energy Shortage & Resource Depletion, Climate Change & Natural Disasters, Growing Cross-Border Environmental Impact, Nuclear Safety, Biodiversity Crisis, Food Safety
Key Technologies (15)	Internet of Things (IoT), Big Data, Artificial Intelligence, Virtual Reality, Wearable Device, Stem Cell, Genetic Engineering & Molecular Biology (Synthetic Biology), Molecular Imaging, Nano Material, 3D Printer, New Renewable Energy, GHG Reduction Technology, Energy/Resource Recycling Technology, Space Exploration, Nuclear Energy Technology

○ Major Contents

In the first part of the report, the respondents chose the top 10 issues out of 28 issues that were analyzed based on their opinion on whether the issues will bear great significance after a decade. In this chapter, the difference in perception between generations and genders toward the 28 issues is also discussed. Furthermore, it analyzes the likelihood of these issues of becoming a reality in the future, the impact it will have on society, the interconnection between issues, and how the issues are associated with key technologies. In addition, this part looked into how policies in the past were used to respond to the major issues by analyzing the policy research agenda and the general public's specific interest in the issues by analyzing the keywords that appeared in the media. The second part of this report describes in detail several issues that might be significantly serious in the future and thus begin to prepare for them. The described issues were selected by the Future Preparatory Committee.

○ Top 10 Issues

Among the issues that are considered to be the most important issues after a decade, Low Fertility & Super-aging Society, Social Inequality, Unstable Life of Future Generations ranked first, second, and third respectively. Other than the three issues, there are economic issues such as Job Insecurity and Low Growth & Shift in Growth Strategies, environmental issues such as Growing Cross-Border Environmental Impact and Climate Change, and political issues including the North and South Korean Problems. (see Figure 1)

○ Perception Gap on the Issues

There was no significant perception gap between generations on the importance of the 28 issues. However, a gender gap was recognizable. Women tended to believe that some issues like Multiculturalism and Change in Traditional Family System were more important than others while men did not.

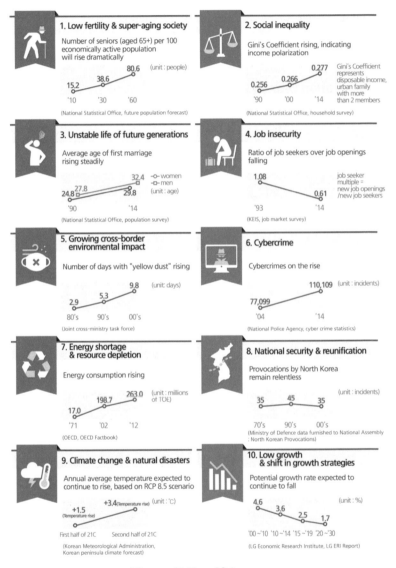

1. Low fertility & super-aging society

Number of seniors (aged 65+) per 100 economically active population will rise dramatically

(unit : people)

80.6
38.6
15.2

'10   '30   '60

(National Statistical Office, future population forecast)

2. Social inequality

Gini's Coefficient rising, indicating income polarization

0.277
0.266
0.256

'90   '00   '14

Gini's Coefficient represents disposable income, urban family with more than 2 members

(National Statistical Office, household survey)

3. Unstable life of future generations

Average age of first marriage rising steadily

32.4   –o– women
–□– men
27.8   29.8   (unit : age)
24.8

'90   '14

(National Statistical Office, population survey)

4. Job insecurity

Ratio of job seekers over job openings falling

1.08
0.61

'93   '14

job seeker multiple = new job openings /new job seekers

(KEIS, job market survey)

5. Growing cross-border environmental impact

Number of days with "yellow dust" rising

9.8   (unit: days)
5.3
2.9

80's   90's   00's

(Joint cross-ministry task force)

6. Cybercrime

Cybercrimes on the rise

110,109   (unit : incidents)
77,099

'04   '14

(National Police Agency, cyber crime statistics)

7. Energy shortage & resource depletion

Energy consumption rising

263.0   (unit : millions of TOE)
198.7
17.0

'71   '02   '12

(OECD, OECD Factbook)

8. National security & reunification

Provocations by North Korea remain relentless

(unit : incidents)

35   45   35

70's   90's   00's

(Ministry of Defence data furnished to National Assembly : North Korean Provocations)

9. Climate change & natural disasters

Annual average temperature expected to continue to rise, based on RCP 8.5 scenario

+3.4(Temperature rise) (unit : ℃)
+1.5
(Temperature rise)

First half of 21C   Second half of 21C

(Korean Meteorological Administration, Korean peninsula climate forecast)

10. Low growth & shift in growth strategies

Potential growth rate expected to continue to fall

(unit : %)

4.6
3.6
2.5
1.7

'00 ~'10   '10 ~'14   '15 ~'19   '20 ~'30

(LG Economic Research Institute, LG ERI Report)

Figure 1: Top 10 Issues

○ Likelihood and Future Impact of the Issues

The analysis of the experts on the likelihood of the 28 issues occurring and their expected impact on our society showed that nine out of 10 issues, save for National Security & Unification, were estimated highly likely to occur and their impacts also were expected to be huge (see Figure 2). The likelihood of occurrence of National Security & Unification was estimated to be low, but its expected impact was great. Digital Economy and Hyper-connected Society were not included in the 10 most important issues, but these issues were considered highly likely to occur and to have great social impact.

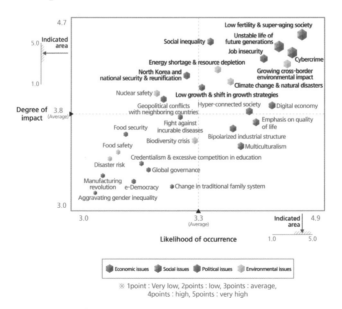

※ 1point : Very low, 2points : low, 3points : average,
4points : high, 5points : very high

Figure 2: Likelihood of Occurrence and Degree of
Impact of Future Issues

○ Interconnection among the Issues

Network analysis was used as a means to study the correlation among the 28 issues and Figure 3 was developed as a result. The figure shows that those placed at the center have more connection with other issues and the thickness of the lines shows how closely related those issues are to each other. The thicker the lines, the more related those issues are.

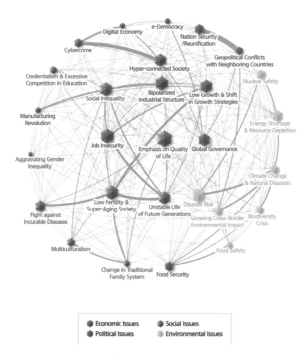

Figure 3: Interconnection Map of 28 Future Issues

The most connected issues are ①Emphasis on Quality of Life ②Job Insecurity ③Social Inequality ④Bipolarized Industrial Structure ⑤Low Fertility & Super-aging Society ⑥Hyper-connected Society ⑦Low Growth & Shift in Growth Strategies ⑧Disaster Risk and ⑨Global Governance in the order named. Distinctively, Emphasis on Quality of Life is low in importance and with less social impacts but it is the most connected issue. As issues with greater connection tend to have more and wider social impacts, a more comprehensive approach is required with due consideration of other related issues.

The following diagram shows how closely related some of the most connected issues such as Job Insecurity, Low Fertility & Super-aging Society, Social Inequality and some of the environmental issues out of the 10 most important issues including Climate Change & Natural Disasters, Energy Shortage & Resource Depletion are with other issues.

○ Interconnection between Issues and Key Technologies

Figure 4 was developed, based on network analysis, in order to visually display links between key technologies and issues. The issues placed at the center have a greater number of related key technologies than other issues. The more related the issues and key technologies are, the thicker the lines become. In addition, the key technologies connected with a higher number of issues tend to have larger nodes.

Issues closely related to science and technology were ① Manufacturing Revolution ②Disaster Risk ③Emphasis on Quality of Life ④Biodiversity Crisis ⑤Energy Shortage & Resource Depletion ⑥Fight against Incurable Diseases ⑦Low Fertility & Super-aging Society ⑧Bipolarized Industrial Structure and ⑨Low Growth & Shift in Growth Strategies in the order named. Moreover, the key technologies with a greater number of related issues were Artificial Intelligence, Big Data, and IoT. Artificial Intelligence, IoT, Genetic Engineering, GHG Reduction Technology, and Nuclear Energy Technology were taken as examples to explain how such key technologies are related to our future social issues.

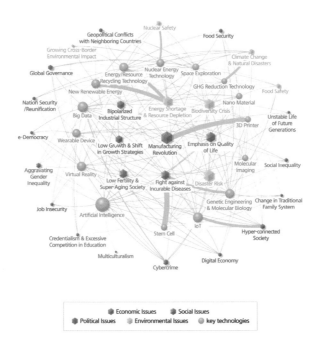

Figure 4: Interconnection Map of 28 Future Issues and
Key Technologies

◌ Policy Agenda Trends

This section looks into the government's policy agendas and responses to a set of major issues over the past 15 years to offer guidance for future policy formulation. Applying a big data analytics approach, policy agenda trends were analyzed using the National Knowledge Information System (NKIS) database of policy papers published over the past 15 years.

○ Energy Policy Agenda

Figure 5 shows the changes in the energy policy agenda from 2000 to 2014. In 2002, Korea could focus on "inter-Korean energy cooperation" rather than the supply itself thanks to the relatively stable supply of oil in the early 2000s. Over time, however, with rising oil prices and the introduction of the Kyoto Protocol, such topics as the "oil price shock (2004)," global response to climate change including "Intergovernmental Panel on Climate Change (2005)," environmentally-friendly "energy mix (2006)" for efficient energy supply, "smart grid and electric vehicles (2009)," and "new and renewable energy (2010)" gained more significance. After experiencing the rolling power outage in 2011, "energy efficiency (2011)" emerged as an important topic. Finally, with declining drilling prices driven by technological development, "shale gas (2013)" became one of the key policy agendas.

Figure 5: Changes in the Energy Policy Agenda

○ New Growth Strategy Agenda

Figure 6 shows the changes in the new growth strategy agenda from 2000 to 2014. As the limitations of a catch-up economic strategy became apparent in the 2000s, efforts began to transition the "Korean development model (2003)" into leadership economic growth by reinforcing internal capacities through the "Knowledge-based economy (2000)" or "Science and technology (2005)." These internal efforts were accompanies by attempts to externally extend Korea's economy via the "Korea-U.S. FTA (2007)" and the hosting of the "G20 Summit (2010)". Sustainability of economic development began to receive attention around 2010, fostering active policy research for "Green growth (2009)" that sought to use the reduction of greenhouse gases and related environmental regulations aligned with the Kyoto Protocols as new growth drivers. Sustainable development was expanded to include not only eco-friendly concepts but also the wider sustainability of an entire economic system. Agendas for shared growth such as "Ecosystemic development (2012)" have expanded and developed into a new model for economic growth that aims to achieve a sustainable economic ecosystem through the convergence of ICT and science and technology, culminating in the promulgation of the "Creative economy (2013)."

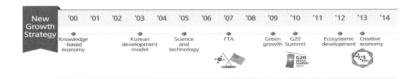

Figure 6: Changes in the New Growth Strategy Agenda

○ North-South Relations Agenda

Figure 7 shows the changes in the North-South relations agenda from 2000 to 2014. The overarching principle of "peace and trust" has defined both the Korean people's interest in the North-South relations issue as well as the evolution of Korea's policy agenda. The predominant policy agendas of the early 2000s were the "Engagement policy (2000)," "Northeast Asian cultural community (2004)," "North-South economic cooperation (2006)," and "Humanitarian aid (2009)." A string of provocations by North Korea, however, including the sinking of the Cheonan and the bombardment of Yeonpyeong Island shifted the policy from unilateral aid to a principled approach. As a part of this shift, "State normalization (2010)" was discussed as a policy agenda. Recently, ideas of a "Peaceful reunification (2011)" have developed into more specific discussion of "Reunification costs (2012)" and the "Reunification dividend (2013)," transitioning into the "Korean Peninsula Trust Process (2013)" that represent more realist policy agendas.

Figure 7: Changes in the North–South Relations Agenda

○ Media Keyword Analysis

The section also offers an insight into the general public's opinions and views on recent issues by analyzing the most frequently used words or phrases in social media and other materials[2].

—*Emphasis on Quality of Life*

The analysis revealed such keywords as wellbeing and leisure to be central when it comes to the issue of Emphasis on Quality of Life. This suggests a growing importance of effective policy response related to wellbeing and leisure in improving the quality of life.

—*Low Fertility & Super aging Society*

Korea's aged population reached 7% in 2000, and is expected to

....

2   Media Keyword Analysis was performed using the media data and analytic tool from the ICT Future Strategy Center of NIA (National Information Society Agency) in Korea.

rise to over 20% by 2026. A strong interest in keywords related to jobs has been identified in today's society marked by low fertility and super-aging population trends. These keywords include issues faced by the younger generation including "youth unemployment" and "temporary employment" as well as issues faced by the older generation such as "re-employment" and "employment extension." These keywords reflect the impact of jobs on the marriage and childbirth of younger Koreans and economic stability following retirement for older Koreans.

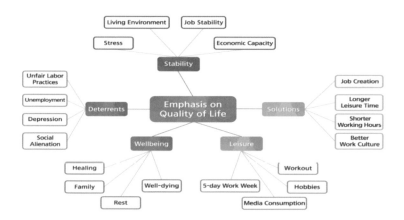

Figure 8: Media Keyword Analysis on the Issue of
Emphasis on Quality of Life

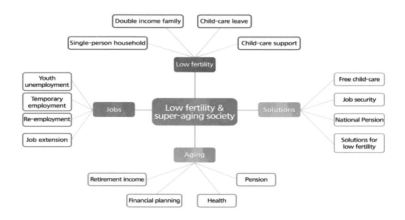

Figure 9: Media Keyword Analysis on the Issue of Low Fertility
& Super aging Society

○ Comparison with Global Issues

This section compared the future issues of global concern selected by the World Economic Forum (WEF), Organization for Economic Cooperation and Development (OECD), National Intelligence Council (USA) with those selected by the Future Preparatory Committee (see Figure 11).

— *Issues of Global Concern*

> Social Inequality, Job Insecurity, Cybercrime, Energy Shortage &
> Resource Depletion, Climate Change & Natural Disasters, Nuclear
> Safety, Geopolitical Conflicts with Neighboring Countries, Food
> Security, Disaster Risk, Biodiversity Crisis, Global Governance

The common global issues include economic and social issues such as Social Inequality, and Job Insecurity; and environmental and energy issues such as Energy Shortage & Resource Depletion, Climate Change, and Biodiversity Crisis. As the global economic instability continues, countries around the world see Social Inequality and Job Insecurity to be more important in the future. Energy Shortage & Resource Depletion, Climate Change & Natural Disasters, and Biodiversity Crisis are commonly selected as important environmental and energy issues as they require a globally coordinated response and influence every single country. Cybercrime and Nuclear Safety have also attracted global attention, as their impacts tend to easily spread across borders to neighboring countries.

─ *Issues of Great Concern in Korea*

Low Fertility & Super-aging Population, Growing Cross-border Environmental Impact, National Security and Unification Issues, Multiculturalism etc.

Issues of great concern in Korea include Low Fertility & Super-aging Population, Growing Cross-border Environmental Impacts, National Security & Unification Issues, and Multiculturalism. Low Fertility & Super-aging Population has emerged as one of the most urgent issues as Korea has one of the lowest birth rates globally and is experiencing a rapidly aging population. In addition, special circumstances on the Korean peninsula such as the inflow of yellow dust and fine dust, public anxiety over being exposed to radioactivity substances after the Fukushima accident and separation of the two Koreas have increased public concerns over the Growing Cross-border Environmental Impacts and National Security & Unification Issues. The inflow of foreign workers and increase in international marriage has promoted the Korean people's awareness on multicultural families and Multiculturalism itself though the trend emerged a little late in Korea than in western countries.

— *Issues of Global Concern, but not of as Much Concern in Korea*

Fiscal Crisis, Liquidity Crisis, Large-scale Terrorist Attack, WMD
(Weapons of Mass Destruction)

Issues that gained global concern, but that are not of as much concern in Korea were fiscal crisis, liquidity crisis, large-scale terrorist attacks, and weapons of mass destruction (WMD). Issues of large-scale terrorist attacks and WMD are related to global security; however, it did not gain much attention from Korean citizens since they do not have a direct impact on Korea. Furthermore, it also shows the low possibility of global financial issues such as the fiscal crisis and liquidity crisis erupting in Korea.

Figure 10: Comparison with Global Issues

— Global Comparison in terms of Likelihood and Impact

Furthermore, the difference in people's perception toward the likelihood and impact of the issues that are present both in the Global Risks report and this report was also compared by using the results of the perception survey in the Global Risk report in Figure 11. A total of eight issues were subject to comparison, for example, Social Inequality of this report was compared to Income Disparity of Global Risks and Climate Change & Natural Disasters to Failure of Climate Change Adaptation.

Of the eight, the perception gap between Korean and global respondents on the impact and likelihood of such issues as Climate Change and Natural Disasters, Food Security, and Biodiversity Crisis was narrow. On the other hand, the perceived impact of such issues as Social Inequality, Job Insecurity, and Cybercrime was significantly higher among Korean respondents.

The fact that the risk of Social Inequality was perceived to be of greater impact than others shows that Korean respondents are relatively more sensitive to inequality issues such as the widening wage gap. The wide perception gap on Job Insecurity shows that the members of Korean society are more sensitive to this issue.

The greater perceived impact and likelihood of the Cybercrime issue among Korean respondents can be partially attributed to the highly developed ICT infrastructure of the country. Many ICT-related industries are benefiting from such good infrastructure, but at the same time, reports of adverse effects are increasing as well. The lack of natural resources can be cited as the reason behind the concern over the Energy Shortage and Resource Depletion issue. The likelihood of Geopolitical Conflicts with Neighboring Countries was perceived to be lower among Koreans despite the ongoing confrontation with North Korea and the possibility of conflicts occurring among some northeastern Asian countries. It appears that Koreans perceive the likelihood of geopolitical conflicts occurring in its region to be lower since many have never felt the direct impact of such potential conflicts when compared to other frequently occurring regional disputes and conflicts.

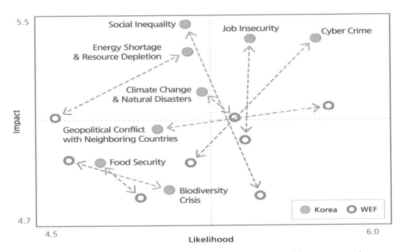

Figure 11: Perception Difference between Korean and
Global Respondents

○ Issues Suggested by the Future Preparatory Committee

This chapter introduces additional future issues identified and selected by the Future Preparatory Committee. The Committee categorizes the issues into three areas (social and cultural changes, industrial and economic changes, and changes in life and environment) and offers its views and suggestions on each issue.

○ Future Plans

Based on this report, the Committee will select the two most interconnected issues and draw up a future strategy for addressing such issues. The strategy will explore comprehensive measures, using science, technology, and ICT.

생산과 소비의 혁명 소위원회(대표필진)

박병원(과학기술정책연구원 미래연구센터장, 소위원장)

나준호(LG경제연구원, 연구위원)

이지효(베인앤컴퍼니, 파트너)

장석인(산업연구원, 선임연구위원)

최병삼(과학기술정책연구원, 연구위원)

미래준비위원회

이광형(KAIST 문술미래전략대학원, 원장, 위원장)

강혜진(맥킨지, 파트너)

금현섭(서울대학교 행정대학원, 교수)

김현주(산들정보통신㈜, 대표이사)

박상일(㈜파크시스템스, 대표이사)

우천식(KDI, 선임연구위원)

이재영(여의도연구원, 부원장)

이정동(서울대학교 산업공학과, 교수)

이창훈(한국환경정책평가연구원, 부원장)

이호영(정보통신정책연구원, 연구위원)

장준근(크리액티브헬스, 대표이사)

장형심(한양대학교 교육학과, 교수)

정우성(POSTECH 산업경영공학과, 교수)

정재승(KAIST 바이오및뇌공학과, 교수)

한국과학기술기획평가원(KISTEP)(연구)

안상진(미래예측본부,연구위원)

권소영(미래예측본부,부연구위원)

유병은(미래예측본부,연구원)

이승룡(미래예측본부,연구위원)

『4차 산업혁명 시대의 생산과 소비』의 작성에 도움 주신 분들

강동식(머니투데이 부장)

남기창(동국대학교 의과대학 의공학교실 조교수)

박동(한국직업능력개발원 선임연구위원)

이광조(서울논문컨설팅)

이창선(미래창조과학부 과장)

임은희(프리랜서)

장윤옥(머니투데이 부국장, 테크엠 편집장)

최계영(정보통신정책연구원 선임연구위원)

최현숙(머니투데이 차장)

㈜엠브레인(설문조사)

㈜인포그램(그래픽 제작)

10년 후 /미래전략 보고서/ 대한민국
4차 산업혁명 시대의 생산과 소비

초판 1쇄 2017년 04월 14일

지은이	미래창조과학부 미래준비위원회, KISTEP, KAIST
발행인	김재홍
편집장	김옥경
디자인	이유정, 이슬기
마케팅	이연실

발행처	도서출판 지식공감
등록번호	제396-2012-000018호
주소	경기도 고양시 일산동구 견달산로225번길 112
전화	02-3141-2700
팩스	02-322-3089
홈페이지	www.bookdaum.com

ISBN	979-11-5622-268-2 03300

CIP제어번호 CIP2017003771
이 도서의 국립중앙도서관 출판예정도서목록(CIP)은 서지정보유통지원시스템 홈페이지(http://seoji.nl.go.kr)와 국가자료공동목록시스템(http://www.nl.go.kr/kolisnet)에서 이용하실 수 있습니다.